Agnès Bénassy-Quéré
et Benoît Cœuré

Économie de l'euro

NOUVELLE ÉDITION

La Découverte
9 *bis*, rue Abel-Hovelacque
75013 Paris

Remerciements. Les auteurs remercient Claire Waysand pour ses commentaires avisés ainsi que les étudiants successifs qui les ont aidés à clarifier la présentation. Ils restent bien entendu responsables, à titre personnel, des opinions exprimées dans cet ouvrage et de toute erreur qui y subsisterait.

ISBN : 978-2-7071-5935-9

Introduction

En janvier 2009, les Européens ont fêté les dix ans de l'euro en pleine tourmente économique et financière. La crise financière mondiale a confirmé le rôle protecteur de l'euro et sa résistance aux forces centrifuges qui le menacent à intervalles réguliers. Cependant, elle a aussi mis en évidence les faiblesses d'une construction européenne hybride, dont l'euro constitue, avec la politique commerciale et la politique de la concurrence, le seul dispositif réellement fédéral. Il a fallu une trentaine d'années pour bâtir et mener à bien ce projet fou d'unification monétaire ; il en faudra probablement autant pour compléter l'euro et pour que les Européens mènent une véritable politique économique.

Une longue histoire

L'idée d'une monnaie unique remonte à la fin des années 1960 [Patat, 2005]*. Le système de change fixe mis en place à Bretton Woods après la Seconde Guerre mondiale, organisé autour du dollar, est fragilisé par la guerre du Vietnam, qui creuse le besoin de financement américain, et par le mécontentement croissant vis-à-vis des États-Unis. C'est alors que les chefs d'État et de gouvernement de la Communauté européenne demandent à Pierre Werner, le Premier ministre du Luxembourg, de dessiner les contours d'une union économique et

* Les références entre crochets renvoient à la bibliographie en fin d'ouvrage.

monétaire en Europe. Le rapport Werner, remis en 1970, propose une unification monétaire en plusieurs étapes devant s'achever en 1980. Mais le désordre monétaire issu de la dislocation du système de Bretton Woods à partir de 1971, puis du premier choc pétrolier fait voler en éclats la coordination naissante entre les pays membres. Le « serpent monétaire » européen, créé en 1972 pour protéger les taux de change intra-européens de l'instabilité croissante du dollar, se révèle être un échec.

La coordination monétaire reprend sérieusement en 1979 sous l'impulsion de Valéry Giscard d'Estaing et Helmut Schmidt avec la création du mécanisme de change du système monétaire européen (SME). Il s'agit d'organiser une zone de stabilité monétaire en Europe en limitant les fluctuations des taux de change entre pays membres. Une unité de compte européenne, l'*European Currency Unit* ou *Ecu*, est créée. C'est l'ancêtre de l'euro. L'Ecu n'est pas une véritable monnaie mais un simple « panier » dont la valeur est mécaniquement plus stable que celle des monnaies qui le composent, la faiblesse de telle ou telle monnaie étant compensée par la force de telle autre. L'Ecu servira d'unité de compte aux banques centrales et aux institutions européennes, et aussi à libeller les emprunts de certains gouvernements et institutions européens. Sa création constitue une rupture pour le système monétaire international : dans toute une région du monde, la stabilité monétaire n'est plus définie par rapport à une référence externe, le dollar, mais par rapport à une référence interne, et est gérée en commun. Cet exemple singulier fait aujourd'hui rêver les tenants d'une intégration régionale accrue en Asie, en Amérique du Sud et dans le Golfe.

Après des débuts difficiles, le SME vit un « âge d'or » de cinq années (1987-1992) durant lesquelles les monnaies sont stables et le système s'élargit (la peseta le rejoint en 1989, la livre sterling en 1990, l'escudo en 1992). C'est au cours de cette période que la libéralisation complète des mouvements de capitaux à l'intérieur de l'Europe est décidée et mise en œuvre. Les artisans de l'intégration monétaire européenne savent bien que, une fois les mouvements de capitaux complètement libéralisés, l'unification monétaire deviendra urgente. La raison en est simple : il est impossible de concilier la stabilité des taux de change, la mobilité des capitaux et l'autonomie des politiques monétaires nationales — c'est le fameux « triangle d'incompatibilité » identifié dans les années 1960 par Robert Mundell et rappelé par l'économiste italien Tommaso Padoa-Schioppa en 1987. En l'absence de contrôle des changes, tout écart de taux d'intérêt se traduit par des mouvements de capitaux vers le pays où ceux-ci sont les plus élevés ou dont la politique est la plus crédible aux yeux des marchés — en l'occurrence, l'Allemagne. Ce mécanisme impitoyable a joué en Europe en 1992-1993 au profit de l'Allemagne, en 1997-1998 au détriment des monnaies des pays émergents, et à nouveau en 2008 au détriment de la Lettonie.

Face à ce triangle, trois solutions : accepter le pilotage économique d'un seul pays, l'Allemagne ; revenir en arrière en restreignant les mouvements de capitaux ; geler définitivement les taux de change. C'est la troisième option, la plus ambitieuse, qui est choisie. Les chefs d'État et de gouvernement demandent à Jacques Delors, le président de la Commission européenne, de proposer une stratégie pour unifier les monnaies européennes. Jacques Delors s'entoure d'experts et de banquiers centraux, et remet en 1989 un rapport qui présente des similitudes avec le rapport Werner : nécessité d'une convergence préalable des politiques économiques, unification monétaire par étapes... Le transfert de souveraineté monétaire qui sera finalement consenti rend nécessaire la rédaction d'un nouveau traité. Ce traité, qui complète le traité de Rome instituant la Communauté européenne, est adopté par les chefs d'État et de gouvernement à Maastricht, aux Pays-Bas, en décembre 1991. Il décrit la nouvelle institution en charge de la monnaie, la Banque centrale européenne (BCE), les étapes du processus d'intégration monétaire et les conditions que devra remplir chaque pays pour rejoindre la monnaie unique, qui à l'époque s'appelle encore l'Ecu. Dans ce qui suit, nous emploierons le terme « Traité » pour désigner ce traité, qui a été modifié à Amsterdam en 1997, à Nice en 2001, puis à Lisbonne en 2008. Quand nous ferons référence aux articles du traité, ce sera selon la numérotation du traité de Lisbonne sur le fonctionnement de l'Union européenne entré en vigueur en décembre 2009.

La préparation de la monnaie unique s'avère cependant plus agitée que prévu à Maastricht. Au début des années 1990, le doute gagne progressivement sur son avenir. En suscitant des tensions inflationnistes en Allemagne, la réunification allemande a conduit la Bundesbank à relever fortement ses taux

Comment rejoint-on l'euro ?

L'entrée d'un pays dans l'euro est décidée après examen de *cinq critères de convergence* (art. 140.1 du Traité) qui portent sur les niveaux du déficit et de la dette des administrations publiques (qui doivent être inférieurs respectivement à 3 % et 60 % du PIB du pays), l'inflation (qui ne doit pas dépasser de plus de 1,5 % la moyenne des trois pays où elle est la plus basse), les taux d'intérêt à long terme, la stabilité du taux de change pendant deux ans, sans dévaluation, au sein du mécanisme de change européen et l'indépendance de la banque centrale. Un pays satisfaisant ces différents critères s'intégrera en principe plus facilement dans l'union monétaire, car ses prix relatifs par rapport aux partenaires sont stables, et ses finances publiques en ordre ne feront pas pression à la hausse sur les taux d'intérêt de la zone. La situation des différents pays au regard des critères fait l'objet de rapports de la Commission européenne et de la BCE. Le Royaume-Uni et le Danemark ont obtenu de choisir le moment où ils adopteront la monnaie unique. Les autres États membres de l'Union n'ont pas cette possibilité : ils rejoignent en principe l'euro dès lors qu'ils respectent les critères.

Après vérification des critères, l'euro a été adopté par onze États le 1er janvier 1999 puis par la Grèce en 2001, la Slovénie en 2007, Chypre et Malte en 2008 et la Slovaquie en 2009. Cette année-là, la zone euro comptait donc seize membres, sur vingt-sept États membres de l'Union européenne. Dans ces seize pays, l'euro est devenu la monnaie officielle ; il a remplacé les monnaies nationales pour toutes les transactions économiques. Imprimés par les banques centrales, les billets sont les mêmes partout dans la zone euro, tandis que les pièces, frappées par les gouvernements, comportent une face différente selon les pays. Entre 1999 et 2002, les monnaies nationales ont subsisté comme subdivisions non décimales de l'euro, la politique monétaire étant déjà unifiée et les taux de change irrévocablement fixés.

d'intérêt. Les autres banques centrales choisissent de s'aligner plutôt que de voir leurs monnaies décrocher du mark. Mais ces politiques, inadaptées à leurs propres conditions économiques, sont source de chômage et freinent l'investissement. La tentation de quitter le mécanisme de change et d'hypothéquer la possibilité de participer à la monnaie unique dès sa création devient grande. Conscients des doutes des gouvernements, les marchés financiers prennent les devants et attaquent le mécanisme de change en vendant les monnaies autres que le mark. La livre sterling et la lire italienne décrochent en septembre 1992. Le franc français est menacé. L'élargissement des marges de fluctuation autorisées dans le mécanisme de change européen, de

± 2,25 % à ± 15 %, a finalement raison de la spéculation et sauve le SME, et probablement aussi la monnaie unique.

Les gouvernements se consacrent alors entièrement à l'entrée dans la monnaie unique, donc au respect des critères de Maastricht. Pour cela, ils mettent en œuvre des programmes spectaculaires d'ajustement des finances publiques et stabilisent leurs taux de change dans des marges bien plus étroites que les ± 15 % désormais autorisées. En décembre 1995, à Madrid, le Conseil européen rebaptise « euro » la future monnaie et précise les étapes de l'unification monétaire. En juin 1997, il adopte un « Pacte de stabilité et de croissance » pour encadrer les politiques budgétaires des pays participant à l'euro. En 1998, il crée une nouvelle enceinte réunissant les ministres des Finances des pays participant à l'euro, l'Eurogroupe, et fixe la liste des pays qui participeront à l'euro. Le 1er janvier 1999, les monnaies de la zone euro disparaissent pour devenir des subdivisions de l'euro. La politique monétaire est confiée à une institution communautaire : la BCE. Le 1er janvier 2002, les pièces et les billets en euros sont utilisés pour la première fois dans les douze pays participants. La zone euro est née. Elle connaîtra ensuite plusieurs élargissements pour compter seize membres en 2009 (voir encadré).

La zone euro en bref

Les seize États membres au 1er janvier 2009 sont : l'Allemagne, l'Autriche, la Belgique, Chypre, l'Espagne, la Finlande, la France, la Grèce, l'Irlande, l'Italie, le Luxembourg, Malte, les Pays-Bas, le Portugal, la Slovaquie et la Slovénie. Ils forment un ensemble de taille comparable à celle des États-Unis, mais avec une population plus nombreuse et un PIB plus faible (voir tableau 1). Les quatre principaux pays sont l'Allemagne, la France, l'Italie et l'Espagne. À eux quatre, ils produisent 80 % du PIB de la zone.

La zone euro forme un ensemble relativement homogène en termes de niveaux de vie. Le PIB par habitant du pays le plus pauvre, la Slovaquie, est inférieur de 35 % à la moyenne de la zone mais d'un quart plus élevé que celui de la Pologne et de 80 % plus élevé que celui de la Bulgarie, membres de l'Union européenne, et plus de trois fois plus élevé que celui de la Chine.

Tableau 1. **La taille de la zone euro en 2008**

	Zone euro à 16	UE à 27	États-Unis	Japon
Population (en millions)	327,9	498,6	304,4	127,8
PIB (en milliards d'euros)				
– aux taux de change courants	9 269	12 506	9 653	3 330
– aux taux de change de PPA[1]	8 922	12 506	11 560	3 549
PIB par habitant (en euros)				
– aux taux de change courants	28 267	25 082	31 711	25 053
– aux taux de change de PPA[1]	27 230	25 100	37 960	27 780

1. Taux de change correspondant à une égalisation internationale des prix.

Source : Banque de France, *Zone euro : principaux indicateurs économiques et financiers*, 30 octobre 2009.

Les pays membres sont en général plus étroitement intégrés avec les autres pays de la zone euro qu'avec le reste du monde (voir graphique 2). Les exportations vers d'autres membres de la zone euro représentent entre 40 % du PIB (Belgique et Luxembourg) et 5 % du PIB (Grèce). Certains pays, comme l'Irlande, réalisent une proportion modeste de leurs échanges avec la zone euro, mais leur ouverture globale est telle que ces échanges représentent une part importante de leur PIB. À l'inverse, la France réalise la moitié de son commerce au sein de la zone, mais son ouverture est plus faible. L'intégration des marchés au sein de la zone euro contribue à la synchronisation des cycles d'activité et réduit ainsi le risque qu'un pays connaisse un choc véritablement spécifique.

Finalement, pourquoi l'euro ?

Le passage à l'euro a mobilisé des ressources considérables dans les banques, les entreprises et les administrations. Il a fallu modifier les logiciels, assurer une double comptabilité, une double trésorerie, aménager les distributeurs automatiques, informer les clients et les citoyens. Le changement a suscité en 2002 une hausse des prix temporaire mais perceptible par les consommateurs, du fait d'arrondis le plus souvent à la hausse à la faveur des changements d'étiquettes. Enfin et surtout, l'euro

Graphique 1. **PIB par habitant en parité de pouvoir d'achat en 2008**
(en % du niveau des États-Unis)

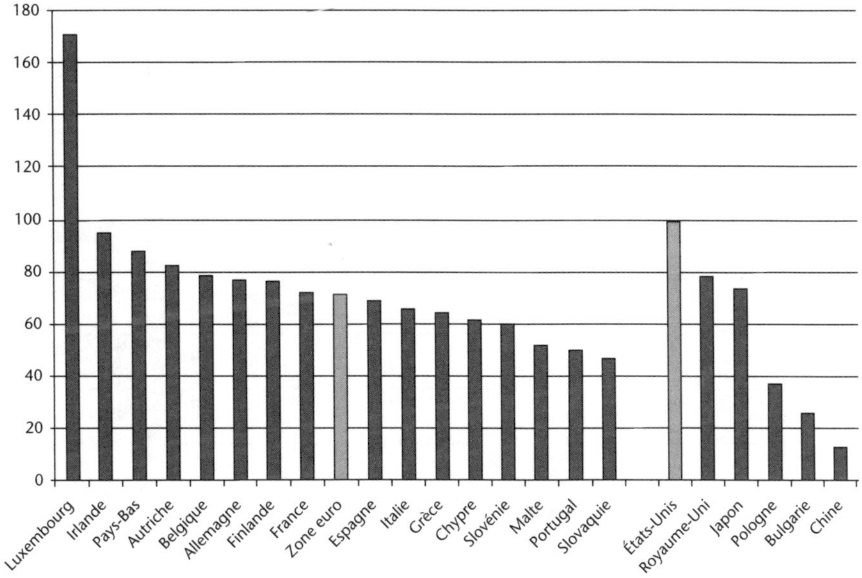

Sources : Banque de France, *Zone euro : principaux indicateurs économiques et financiers*, 30 octobre 2009, et base de données CEPII-CHELEM.

Graphique 2. **Taux d'ouverture des économies de la zone euro en 2008 : exportations de biens et services**
(en % du PIB)

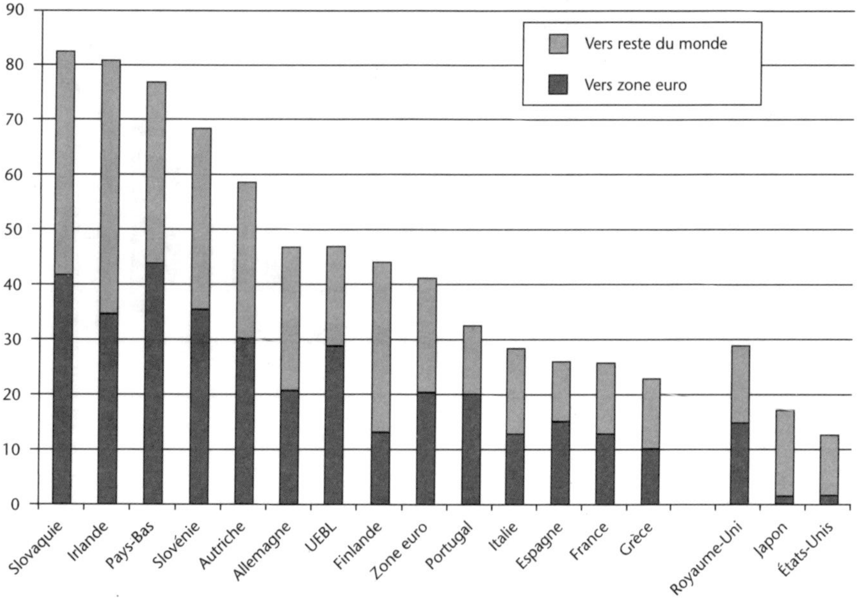

Sources : Banque de France, *Zone euro : principaux indicateurs économiques et financiers*, 30 octobre 2009, base de données CEPII-CHELEM et calculs des auteurs.

a rendu nécessaires dans les années 1990 des politiques de rigueur monétaire et budgétaire coûteuses sur le moment en termes de croissance et d'emploi (voir encadré). Il est dès lors légitime de s'interroger sur les bénéfices à attendre.

Les pays participant à l'union monétaire européenne ont parié que les avantages liés à la monnaie unique l'emporteraient sur les inconvénients. Selon la célèbre formule de Robert Mundell [1961], ils ont parié qu'ils constituaient une *zone monétaire optimale*.

Du côté des avantages, on trouve essentiellement deux arguments. Un argument microéconomique : la monnaie unique supprime à la fois les coûts de transactions de change et l'incertitude liée au taux de change ; elle permet donc de réaliser des économies, surtout dans les pays les plus ouverts ; elle encourage les échanges de biens et services, et facilite les investissements dans d'autres pays de la zone, améliorant l'allocation des ressources ; elle accroît la transparence des prix, ce qui accentue la concurrence. En bref, la monnaie unique complète le marché unique. Un argument macroéconomique : dans une zone très intégrée comme l'Europe, une coordination des politiques monétaires est de toute façon nécessaire pour éviter les politiques déloyales comme celles consistant à « exporter » son chômage par la dévaluation. Le mécanisme de change européen a pu constituer pour un temps une réponse. Mais la liberté des mouvements de capitaux, qui complète elle aussi le marché unique, a rendu ce mécanisme impraticable de manière durable. L'euro est la réponse coordonnée de l'Europe à la volatilité des capitaux : quelle que soit la pression des marchés, il est désormais impossible à un État membre de se désolidariser de la zone, par exemple en dévaluant sa monnaie pour limiter l'effet d'une détérioration de la conjoncture mondiale sur son activité, au détriment de ses partenaires européens.

Face à ces avantages, un inconvénient essentiel : la perte, pour chaque pays, d'un instrument central de la politique économique, la monnaie, qui permettait de faire face à des chocs spécifiques d'origine politique (une alternance politique), sociale (une grève générale), sectorielle (une crise grave dans un secteur clé, par exemple la finance), naturelle (un ouragan). Chaque pays participe aux décisions sur la politique monétaire, ce qui représente un progrès par rapport au mécanisme de

Le coût de la convergence vers l'euro

L'introduction de l'euro était prévue par le traité de Maastricht « au plus tard » le 1er janvier 1999, après examen des critères à la mi-1998 (une introduction le 1er janvier 1997 était possible mais les pays n'étaient pas prêts). Il s'agissait donc de respecter les critères de convergence la dernière année avant l'examen, en 1997. Il fallait ramener le déficit public en deçà de 3 % du PIB, maintenir un taux de change stable face aux autres monnaies européennes et principalement face au deutsche Mark, et ramener l'inflation à un niveau proche des niveaux les plus bas (le critère de dette a quant à lui été apprécié en tendance : ainsi la dette italienne ou belge était largement supérieure à 100 % du PIB, mais elle se réduisait à un rythme jugé suffisamment rapide). La convergence a nécessité la mise en place de politiques économiques restrictives : taux d'intérêt élevés pour contenir l'inflation et éviter une baisse de la monnaie face au mark, modération des dépenses publiques, voire hausses d'impôts (comme la hausse de la TVA de deux points en 1995 en France) pour respecter le critère de déficit. Le taux d'intérêt réel (qui mesure l'écart entre le taux d'intérêt et l'inflation) dans la zone euro a été supérieur au taux de croissance et plus élevé qu'aux États-Unis durant toutes les années 1990 (voir graphique 3).

Ces politiques tombaient particulièrement mal. Au cours des années 1990, une série d'événements ont en effet pesé sur la croissance européenne : d'abord, la hausse des taux d'intérêt déclenchée par la réunification allemande, puis la récession de 1993 qui a creusé les déficits publics et donc accru l'ampleur de l'effort à accomplir (le déficit français a atteint 5,6 % du PIB, soit 2,6 points au-dessus du critère) ; puis, en 1995, le ralentissement lié au krach obligataire américain. L'Europe aurait eu besoin de politiques de soutien à la croissance pour relancer l'investissement et résorber le chômage ; au contraire, les politiques menées ont aggravé la situation.

Il est difficile d'établir un bilan de la convergence vers l'euro. D'abord, parce que les politiques économiques des années 1990 s'inscrivaient dans la continuité de stratégies d'assainissement (baisse des déficits, désinflation) engagées beaucoup plus tôt dans les grands pays et qui auraient

change européen... mais il n'est pas seul et les décisions monétaires ne vont pas forcément dans le sens de ses besoins.

La crise financière de 2007-2008 illustre la force des deux arguments : d'un côté, l'euro a protégé les pays membres de la volatilité des marchés mondiaux et la Banque centrale européenne est intervenue de manière centralisée et efficace pour assurer la liquidité des marchés financiers de la zone ; de l'autre, un pays comme l'Espagne n'a pas disposé d'instrument autre que budgétaire pour relancer une économie gravement affectée par le retournement du marché immobilier.

Graphique 3. **Taux d'intérêt réels aux États-Unis et dans la zone euro**

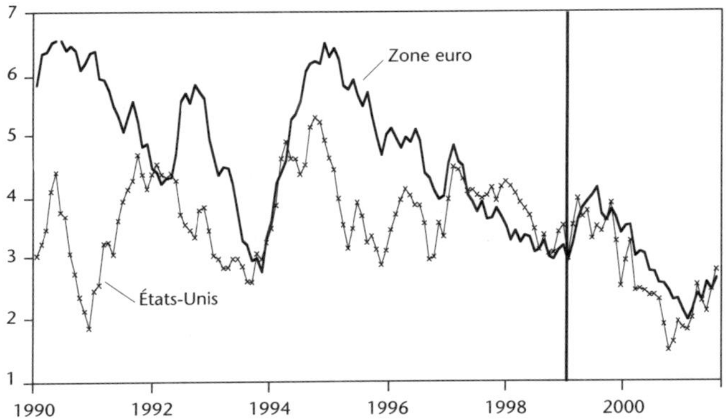

Source : OCDE.

été nécessaires indépendamment de l'euro. Ainsi, en France, le maintien de taux d'intérêt élevés s'inscrivait dans la continuité de la politique de « désinflation compétitive » lancée en 1983, qui a indiscutablement pesé sur la demande et accru le chômage au cours de cette période [Blanchard et Muet, 1993] mais qui a aussi permis une modération salariale durable et donc des gains de compétitivité face aux autres pays (selon Patrick Artus, le franc était ainsi notablement sous-évalué face au mark lors de la fixation des parités en 1999, permettant à la France d'engranger un gain initial de compétitivité). Ensuite, parce que les coûts subis tout au long des années 1990 ont été récompensés à partir de 1998 par des taux d'intérêt très bas et par une plus grande résistance aux crises internationales. La décrue du chômage en France entre 1997 et 2000 doit en partie à ce nouvel environnement.

Comment pondérer ces différents arguments dans le cas européen ? Plusieurs travaux mettent en évidence empiriquement l'effet positif d'une monnaie unique sur le commerce et sur l'investissement direct, même si l'influence spécifique de la stabilité du taux de change sur le commerce est controversée. Ainsi, Frankel et Rose [2002] ont estimé que la monnaie unique triplerait le commerce entre les pays participants, toutes choses égales par ailleurs ; mais cette évaluation a été très discutée et les travaux ultérieurs ont abouti à des chiffres beaucoup plus faibles (voir chapitre I).

L'essentiel des recherches sur les avantages et inconvénients de la monnaie unique se sont toutefois concentrées sur les coûts. Elles concluent en général que l'union monétaire est relativement peu coûteuse pour un « noyau » de pays dans lequel on range en général l'Allemagne, l'Autriche, la France et le Benelux (voir par exemple Bayoumi et Eichengreen [1994]). Elle est plus coûteuse pour les pays « périphériques » relativement moins bien intégrés à la zone euro (l'Irlande, la Grèce) ou plus spécialisés (la Finlande). Mais ces pays sont souvent les plus ouverts, et donc ce sont eux qui bénéficient le plus de la réduction des coûts de transaction liés au taux de change. Par ailleurs, les coûts de l'union monétaire peuvent diminuer d'eux-mêmes avec le temps, l'intégration plus grande entre les pays ayant tendance à uniformiser les cycles d'activité et à rendre la politique monétaire unique de mieux en mieux adaptée non seulement à la zone prise dans son ensemble mais aussi à chacun des pays participants [Frankel et Rose, 1998]. Par ailleurs, l'attrait de l'euro augmente à mesure que la zone s'élargit, la réduction des coûts de transaction qu'elle permet étant d'autant plus importante que la zone est un partenaire important pour les transactions commerciales et financières.

Le but du présent ouvrage est moins de dresser un bilan de l'euro que d'expliquer comment l'euro fonctionne. Nous verrons d'abord (chapitre I) ce que l'euro a changé au fonctionnement des marchés des biens et services, du travail et des produits financiers, et comment il a contribué à la croissance de la zone. Nous verrons ensuite (chapitres II à IV) que derrière l'euro se cache une architecture administrative et politique complexe qui permet à seize pays de gérer une monnaie en commun. Nous rentrerons à l'intérieur de cette institution mystérieuse qu'est la BCE. Nous verrons quel espace reste aux politiques économiques nationales, comment les gouvernements s'organisent pour pouvoir répondre à des évolutions économiques inattendues et comment ils dialoguent avec la BCE. Nous examinerons enfin (chapitre V) la place de l'euro dans le monde et conclurons sur les perspectives d'élargissement de la zone euro. Nous espérons que, à la fin de ce voyage, le lecteur pourra exercer son jugement et répondre lui-même à la question : qu'est-ce que l'euro nous a apporté ? Que peut-il encore nous apporter ?

I / L'euro dans la vie économique

Les deux étapes du passage à l'euro — 1er janvier 1999, 1er janvier 2002 pour les pays de la première vague — ont des significations très différentes. Le 1er janvier 1999, la fixation définitive des parités entre les pays participants et l'introduction de l'euro sur les marchés financiers ont fait disparaître l'incertitude sur les taux de change intra-européens. Cette date marque la naissance de l'euro financier, avec la mise en place de la politique monétaire unique et les premières cotations contre le dollar. Mais les coûts de conversion n'ont alors disparu que pour les institutions financières. L'euro a acquis sa pleine réalité le 1er janvier 2002 avec l'introduction des pièces et des billets, et le retrait des monnaies nationales. C'est seulement à cette date qu'ont disparu les coûts de conversion pour les entreprises et les ménages. En quoi l'euro a-t-il changé le paysage économique dans lequel évoluent les ménages, les entreprises et les banques ? Le prix d'un même produit, la rémunération d'une même tâche ont-ils convergé de Naples à Amsterdam ? L'euro a-t-il favorisé l'intégration des marchés de biens, de services et de capitaux ? C'est à ces questions, de nature microéconomique, que répond ce premier chapitre.

Les marchés de biens et services en euro

Le passage à l'euro a entraîné des coûts importants pour les agents économiques. Les gains n'ont commencé à apparaître qu'avec le retrait des monnaies nationales. La disparition des coûts de conversion en devise a été voulue, dès l'origine, comme complément du marché intérieur européen, comme l'atteste le titre du rapport de la Commission de 1990, *Marché unique, monnaie unique*. En favorisant les comparaisons de prix, cette disparition devait accentuer la concurrence et accélérer celle des barrières qui protègent les marchés nationaux. Elle devait ainsi permettre une convergence des prix vers le bas, donc une hausse de pouvoir d'achat pour le consommateur ; une meilleure allocation des ressources — notamment du capital — sur le territoire de la zone euro ; et finalement un gain pour la croissance. Mais ces gains n'ont rien d'automatique et peuvent fort bien s'accompagner d'effets pervers : renforcement des pouvoirs de monopole, disparités régionales accrues, délocalisation des activités.

L'euro et l'intégration des marchés de biens et services

Dans un article célèbre publié en 2000, l'économiste américain Andrew Rose affirmait que l'unification monétaire était de nature à multiplier par trois les échanges commerciaux au sein de la zone euro. Ce résultat, fondé sur l'étude des unions monétaires existant avant l'euro, a fait l'objet de nombreuses critiques méthodologiques. Les estimations réalisées par la suite ont conduit à le minorer. Puis, les économètres ont pu commencer à exploiter l'évolution observée du commerce intrazone après le lancement de l'euro. Selon Baldwin [2006], l'impact de l'euro sur le commerce intrazone serait ainsi de l'ordre de 5 à 10 %, soit un chiffre bien plus faible que l'estimation initiale de Rose mais néanmoins significatif. À partir des données de douanes sur les exportations des firmes françaises entre 1995 et 2005, Berthou et Fontagné [2008] ont montré que l'euro n'a pas accru la valeur des ventes de chaque bien par chaque firme sur chaque marché de la zone euro, mais qu'il a aidé à exporter davantage de catégories de biens (voir graphique 1 ; dans le langage des économistes du commerce, on parle d'une amélioration de la *marge extensive* et non de la *marge intensive* du commerce).

Ces résultats sont cohérents avec un renforcement de la concurrence en zone euro du fait d'une plus grande transparence des prix : sur chaque marché national, davantage de variétés de produits, en provenance de davantage de pays, sont désormais offertes au consommateur. On s'attend donc à une baisse des prix, et c'est en effet ce qui s'est produit, bien que de manière peu spectaculaire : à partir des mêmes données de

Graphique 1. **L'euro et la marge extensive du commerce**

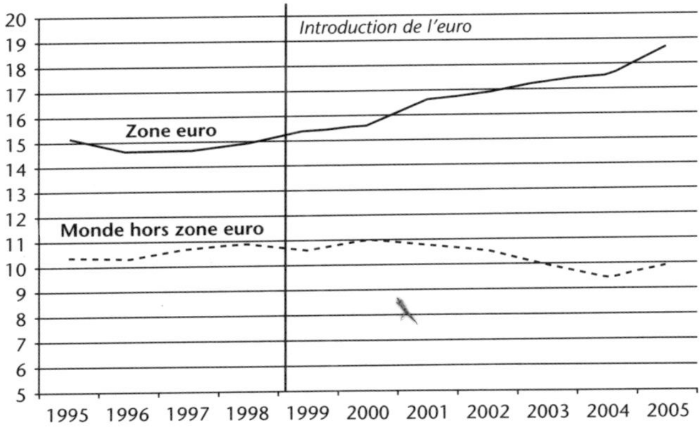

Note : nombre moyen de produits exportés par chaque exportateur français vers un pays donné dans l'industrie manufacturière et agroalimentaire. Zone euro à 11 pays.

Source : Fontagné *et al.* [2006, tableau 2, p. 159].

douanes, Martin et Méjean [2008] ont montré qu'à partir de 1997, le prix des exportations françaises vers la zone euro a baissé par rapport au prix des mêmes biens vendus sur les marchés hors zone euro, et que cette divergence est due à une concurrence plus forte au sein de la zone. Ils montrent aussi qu'avant 1999, la dispersion moyenne des prix était inférieure de 5 % dans la zone euro comparée aux autres marchés de l'OCDE ; après l'introduction de l'euro, cet écart atteint près de 7 %. L'euro aurait donc contribué — modestement — à une convergence des prix au sein de la zone. L'étude de la dispersion des prix à la consommation ne permet cependant pas de retrouver cette conclusion [Ilzkovitz *et al.*, 2007]. Certes, le coefficient de variation (c'est-à-dire l'écart type rapporté à la moyenne) des prix de détail dans l'Union à vingt-cinq est passé de 39 % en 1995 à 21 % en 2008. Mais il faut y voir l'effet du marché unique européen plus que de l'euro. On n'observe en effet pas de resserrement particulier des écarts de prix au sein de la zone euro : depuis 1999, le coefficient de variation y reste stable autour de 11 % (voir graphique 2).

Graphique 2. **La convergence des prix en Europe : coefficient de variation des prix à la consommation, impôts indirects inclus**
(en %)

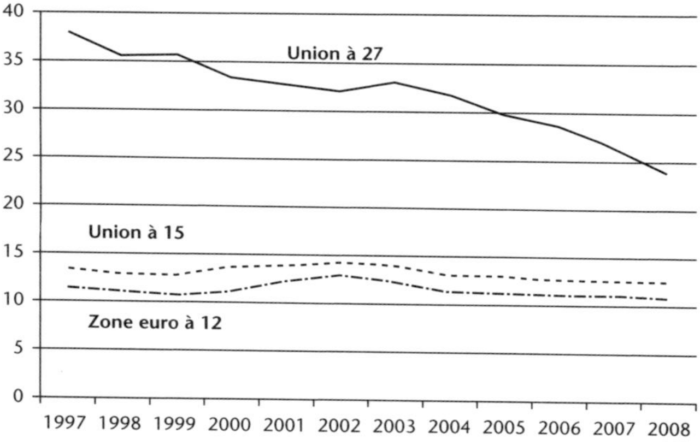

Source : Eurostat, indicateurs structurels.

Il existe en effet de bonnes raisons pour que des écarts de prix subsistent entre pays de la zone euro : différences d'organisation des marchés et de formes de distribution (notamment le poids du service au client dans l'opération de vente), différences de langues, de normes réglementaires et bien sûr de goûts des consommateurs. À l'inverse, dans de nombreux secteurs, les prix sont fixés sur le marché mondial et pas spécifiquement dans la zone euro. Finalement, la dispersion des prix est comparable dans la zone euro et aux États-Unis (où elle est de l'ordre de 12 %) en dépit de différences plus importantes de réglementations, de réseaux de distribution et de goûts. L'euro, dans son périmètre initial, n'a fait que réunir des pays structurellement très proches et dont le potentiel de convergence était près d'être épuisé.

La monnaie unique est-elle *en soi* une incitation à accroître la concurrence et à éliminer les rentes qui perdurent dans certains secteurs ? La disparition de marges de manœuvre que permettait l'ajustement du taux de change aurait dû y pousser. Mais il ne semble pas que cela ait été le cas. La Commission européenne

[2008, partie 1, section 6] trouve même que les pays de la zone ont globalement moins bien respecté les recommandations des grandes orientations des politiques économiques (GOPE) en matière de réformes structurelles. Il est bien possible, en réalité, que le « parapluie » de l'euro ait permis aux gouvernements de surseoir à des réformes favorables à la concurrence.

Enfin, se pose la question de la fiscalité. Dans l'Union européenne, la TVA est prélevée selon le principe de la destination, c'est-à-dire que, sauf exceptions (vente à distance, par exemple), le taux de TVA qui s'applique est celui du pays de résidence du consommateur et non du producteur. Les producteurs réagissent aux écarts de taux de TVA en fixant des prix hors taxes plus faibles dans les pays à taux de TVA élevés, mais ils ne compensent pas entièrement les différences de fiscalité, de sorte que les prix TTC diffèrent fortement d'un pays à l'autre [Bénassy-Quéré *et al.*, 2009, chapitre 7].

La localisation des activités au sein de la zone euro

La théorie classique des échanges internationaux (Ricardo, Heckscher-Ohlin-Salmuelson) prédit que les pays se spécialisent en fonction de leurs avantages comparatifs, que ceux-ci soient de nature technologique ou dus aux dotations initiales de facteurs de production [Rainelli, 2009]. Cette division internationale du travail permet en principe une meilleure allocation des ressources, au sens où les facteurs de production (travail et capital) sont utilisés partout dans les activités où ils sont les plus productifs.

En réduisant le coût des échanges, l'euro a les mêmes effets qu'une baisse des coûts de transport ou une réduction des barrières douanières : il incite chaque pays à se spécialiser dans les secteurs où il possède des avantages comparatifs et à importer les biens des autres secteurs. Cette spécialisation est porteuse d'efficacité économique, mais elle rend plus coûteuse la perte d'autonomie de la politique monétaire au niveau national, notamment dans les petits pays spécialisés dans un petit nombre de secteurs (ils ne peuvent réagir par la politique monétaire à une crise sectorielle grave, comme l'a connue par exemple la Finlande avec l'explosion de la « bulle » des nouvelles technologies en 2001-2002). Toutefois, l'analyse du passé semble indiquer que le marché unique et la stabilisation des taux de change dans le système monétaire européen n'ont pas fondamentalement accru la disparité sectorielle entre pays européens, notamment entre ceux qui ont rejoint l'euro. Ils ont plutôt favorisé une spécialisation fine au sein des grands secteurs d'activité (voir encadré).

En revanche, il est possible que la monnaie unique accentue la polarisation géographique des activités, comme le prédit la « nouvelle théorie du commerce international » [Rainelli, 2003]. Selon cette théorie, la localisation des entreprises répond à un arbitrage entre : 1) se rapprocher des marchés pour limiter les coûts de transport et 2) concentrer la production en un petit nombre de lieux pour exploiter les économies d'échelle. Dans ce contexte, une réduction des coûts de transaction (grâce à l'euro) incite les entreprises à regrouper leurs activités là où elles bénéficient déjà du marché le plus important et des externalités d'offre (réseaux de fournisseurs, main-d'œuvre les plus puissantes) : l'activité se polarise dans un petit nombre de régions européennes (axe Rotterdam-Milan, région de Londres, de Barcelone...). Head et Mayer [2004] ont montré la pertinence empirique de ces mécanismes dans le cas européen.

Une telle polarisation régionale ne pose pas de difficulté particulière à la politique monétaire — cette géographie n'épouse pas les frontières nationales. Elle soulève plutôt la question de la solidarité interrégionale au sein de chaque pays et entre les États membres, une solidarité mise à mal par la concurrence fiscale (qui réduit les ressources disponibles pour la redistribution) et par l'absence de volonté fédéraliste.

Les marchés du travail

La question de l'emploi est bien entendu centrale si l'on veut juger l'utilité de l'euro. Elle prend une acuité toute particulière à la lumière de la performance médiocre des pays de la zone euro en matière d'emploi : le taux de chômage moyen (rapport du nombre de chômeurs à la population active) est plus élevé dans la zone euro qu'aux États-Unis et le taux d'emploi (rapport du nombre de travailleurs ayant un emploi à la population en âge de travailler) y est nettement plus faible (voir graphique 3), même si un rattrapage a été amorcé au milieu des années 1990.

Retour sur l'intégration commerciale en Europe

La levée des barrières douanières au sein de l'Union européenne, avec le Marché commun après 1958 et le Marché unique depuis 1993, a permis un développement considérable des échanges entre pays européens, qui représentent aujourd'hui plus de 60 % des exportations de l'UE15. Cependant, ce développement n'a pas eu lieu dans les secteurs où chaque pays détenait historiquement un avantage comparatif, ce qui se serait traduit par une structure des échanges très asymétrique (pour simplifier, l'Allemagne aurait exporté des machines-outils et la Grèce des fruits et légumes...). Il s'est plutôt traduit par l'apparition d'un commerce dit « intrabranche », par lequel les pays exportent et importent des produits d'un même secteur (par exemple le textile), et se spécialisent à un niveau plus fin sur des variétés (cotonnades/lainages, par exemple) ou par niveaux de qualité (prêt-à-porter/haute couture). Ce résultat est compatible avec la « nouvelle théorie du commerce international » apparue à la fin des années 1970, qui reconnaît l'existence de rendements d'échelle dans le processus de production et prend en compte la préférence des consommateurs pour des produits différenciés. Cette théorie prévoit une spécialisation « intrabranche » qui rende les pays concernés moins vulnérables à un choc majeur sur un secteur.

Le commerce intrabranche, et plus particulièrement le commerce de biens similaires de variétés différentes, est dominant dans les échanges intra-européens, alors que le commerce interbranches de type traditionnel reste majoritaire pour les échanges de l'Union européenne avec le reste du monde. Au sein de la zone euro, la part du commerce intrabranche est plus faible pour les pays « périphériques » (Irlande, Portugal, Finlande, Grèce) que pour les pays « centraux » (France, Allemagne, Benelux), ce qui est ici encore une prédiction de la « nouvelle théorie du commerce international » : seuls les pays centraux, accédant facilement à un vaste marché, peuvent développer une grande variété de productions. Enfin, la stabilité des taux de change au sein du mécanisme de change européen semble avoir encouragé le développement du commerce intrabranche en Europe : selon Fontagné et Freudenberg [2002], ce dernier est en effet passé de 55 % des échanges à l'intérieur de l'UE12 en 1980 à 64 % en 1999. Fontagné, Freudenberg et Gaulier [2006] ont classé les relations commerciales bilatérales dans le monde en fonction de la part du commerce intrabranche (voir tableau 2) : parmi les dix premières, sept sont dans la zone euro.

Tableau 1. **Les dix premières relations commerciales intrabranche dans le monde en 2000**

Pays	Part du commerce intrabranche dans les échanges bilatéraux (en %)
Allemagne/France	86,2
Pays-Bas/Belgique-Lux.	85
France/Belgique-Lux.	80,4
France/Royaume-Uni	77,1
Allemagne/Suisse	77
Allemagne/Belgique-Lux.	76,8
Allemagne/Autriche	76,6
France/Espagne	76,5
Allemagne/Pays-Bas	76
États-Unis/Canada	73,5

Source : Fontagné, Freudenberg et Gaulier [2006].

Graphique 3. **Taux d'emploi dans la zone euro, aux États-Unis et au Japon**

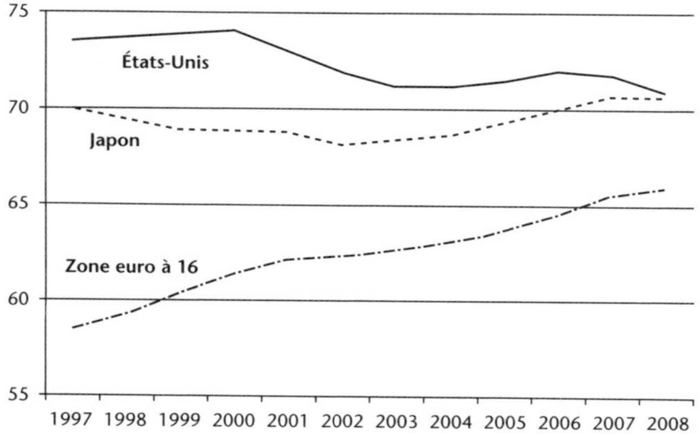

Note : nombre de personnes ayant un emploi rapporté à la population âgée de 15 à 65 ans, en %.

Source : Eurostat.

« Le problème actuel du chômage ne peut être résolu sans réformes structurelles d'envergure [...]. Il est important de souligner que l'introduction de l'euro, bien qu'elle constitue un pas important vers davantage d'intégration en Europe, ne résoudra pas — et ne peut résoudre — tous les problèmes, et qu'elle doit s'accompagner d'autres politiques. » Cette déclaration du président de la BCE Wim Duisenberg en janvier 1998 prend sa véritable signification à la lumière du débat sur le mandat de la BCE, qui sera traité dans le chapitre II. Mais beaucoup d'économistes, notamment dans les organisations internationales, estiment comme M. Duisenberg que la plus grande partie du chômage dans la zone euro est d'origine structurelle, liée à l'organisation des marchés du travail et, plus largement, des systèmes de formation et de protection sociale. Mauvaise formation initiale et tout au long de la vie, lourdeur des procédures d'embauche et de licenciement, indemnisation trop généreuse du chômage ou encore mobilité insuffisante des travailleurs seraient les véritables explications. L'Angevin [2007] estime ainsi qu'en moyenne, sur la période 1990-2005, quand dix emplois étaient détruits dans la zone euro, six travailleurs finissaient par changer de pays contre neuf dans les États américains. Les chocs conjoncturels se soldent en zone euro plus qu'aux États-Unis par des retraits du marché du travail (notamment des travailleurs les plus âgés) et par une hausse du taux de chômage.

Or les marchés du travail et les systèmes de protection sociale sont organisés de manière très différente dans les différents pays de la zone euro [Cadiou, Guichard et Maurel, 1999], et le passage à l'euro n'a entraîné aucun changement mécanique dans ce domaine. Alors, l'euro ne peut-il rien pour l'emploi ? La réponse n'est pas si simple. L'euro pose la question de l'emploi dans des termes nouveaux : il fait apparaître à la fois un besoin de flexibilité supplémentaire et, progressivement, des exigences nouvelles de la part des salariés.

La disparition des taux de change intra-européens suppose le renforcement des autres mécanismes d'ajustement, au premier rang desquels la flexibilité de l'emploi et des salaires, et une plus grande mobilité des travailleurs au sein de la zone. L'Europe dispose déjà d'une flexibilité salariale importante [Guichard et Laffargue, 2001]. La flexibilité de l'emploi lui-même a augmenté au cours des années 1990, notamment avec l'essor des contrats à durée déterminée et du temps partiel, ou l'annualisation du temps de travail.

Mais l'euro permet aussi de comparer la rémunération du travail dans les différents pays de la zone. La même question se pose que pour les biens et les services : la transparence des salaires va-t-elle conduire à leur égalisation ? Ici aussi, la réponse est plutôt négative. Il y a de bonnes raisons pour que les salaires continuent à différer pour longtemps au sein de la zone euro, en raison de niveaux de productivité du travail très variés dans les pays participants (voir graphique 4).

Le poids de l'impôt sur le revenu et des cotisations sociales varie aussi selon les pays : en 2008, pour un salarié célibataire percevant un revenu moyen, le « coin fiscal », défini comme la somme de l'impôt sur le revenu et des cotisations sociales à la charge de l'employé et de l'employeur, s'étageait de 22,9 % du salaire brut en Irlande à 56 % en Belgique, selon l'OCDE. Le raisonnement économique conduit à s'attendre à une convergence du *coût du travail* pour les travailleurs les moins qualifiés,

Graphique 4. **PIB par heure travaillée en 2008 par rapport à la moyenne de la zone euro**

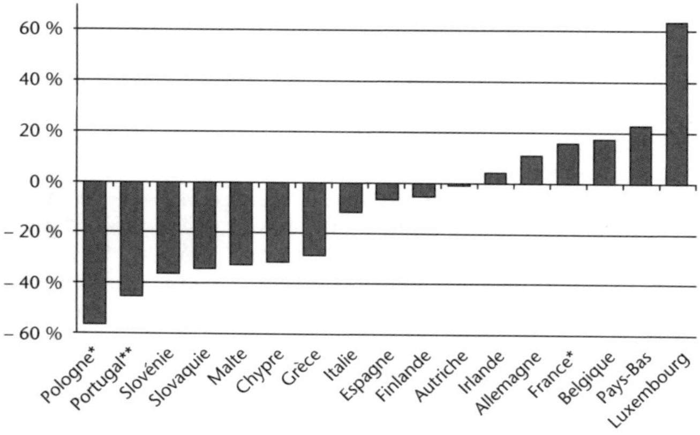

Note : standard de pouvoir d'achat ; * 2007, ** 2008.

Source : Eurostat.

qui sont peu mobiles et dont le pouvoir de négociation salariale est faible, et du *salaire net* pour les travailleurs les plus qualifiés, qui le sont beaucoup plus [Bénassy-Quéré *et al.*, 2009, chapitre 7].

Ce n'est qu'à un horizon très éloigné, si l'intégration des marchés au sein de la zone euro a fait converger non seulement les niveaux de productivité mais aussi les politiques fiscales et sociales, que les salaires pourront s'égaliser au sein de la zone. Prenons l'exemple du salaire minimum. Son niveau est aujourd'hui très différent selon les pays : de 296 euros par mois en Slovaquie à 1 642 euros par mois au Luxembourg en janvier 2009 (l'écart est plus resserré lorsqu'on tient compte des écarts de niveau de vie : il va de 409 euros par mois en Slovaquie à 1 413 euros par mois au Luxembourg en standard de pouvoir d'achat). Cependant, un salaire minimum unique dans la zone euro n'aura pas de sens avant longtemps sur le plan économique compte tenu des écarts de productivité et de la faible mobilité du travail au sein de la zone.

Le mode de négociation salariale peut-il connaître une évolution plus rapide ? Les institutions du marché du travail ne sont pas adaptées à l'union monétaire. Les négociations salariales sont très différentes selon les pays et, même si des négociations collectives sont possibles au niveau européen, la question des salaires en est pour le moment exclue. La Confédération européenne des syndicats ne l'a pas cherchée, en l'absence d'un pouvoir européen stable avec lequel les acteurs sociaux puissent dialoguer [Braud, 1999]. L'intégration des marchés, le développement d'entreprises paneuropéennes mais aussi la création d'institutions fédérales en charge de la politique économique (BCE, Eurogroupe, qui seront présentés dans les chapitres II à IV) pourraient faire évoluer cette situation et amener, dans certaines branches, à des négociations salariales au niveau de la zone euro. Cette évolution aurait des conséquences importantes : avant 1999, les syndicats allemands devaient intégrer dans leurs revendications la réaction possible de la Bundesbank ; ce « jeu » entre partenaires sociaux et banque centrale s'est dilué dans la zone euro, où l'impact des décisions salariales apparaît plus lointain [Dornbusch, Favero et Giavazzi, 1998]. Mais dix ans après la création de l'euro, la perspective de négociations salariales paneuropéennes paraît encore lointaine.

L'harmonisation des politiques sociales dans la zone euro est encore moins à l'ordre du jour. Les États membres de la zone ont des préférences collectives très différentes en matière de distribution du revenu, comme en témoigne la très forte disparité des revenus qu'ils tolèrent en leur sein, même après prise en compte des transferts sociaux (voir graphique 5). L'Union européenne ne définit qu'un « socle » de normes sociales minimales, et celui-ci concerne l'Europe à vingt-sept et pas spécifiquement la zone euro.

Les marchés financiers en euro

Les marchés financiers sont les premiers à avoir vu arriver l'euro, le lundi 4 janvier 1999. Ce basculement constitue une étape décisive dans un processus visant à unifier le marché financier européen, après la libéralisation complète des mouvements de capitaux décidée en 1990. Pourquoi unifier les marchés financiers ? Parce qu'un marché de grande taille facilite la rencontre de l'offre et de la demande (on parle de *liquidité*).

Graphique 5. **Inégalités de revenus en 2007 dans les pays de la zone euro**

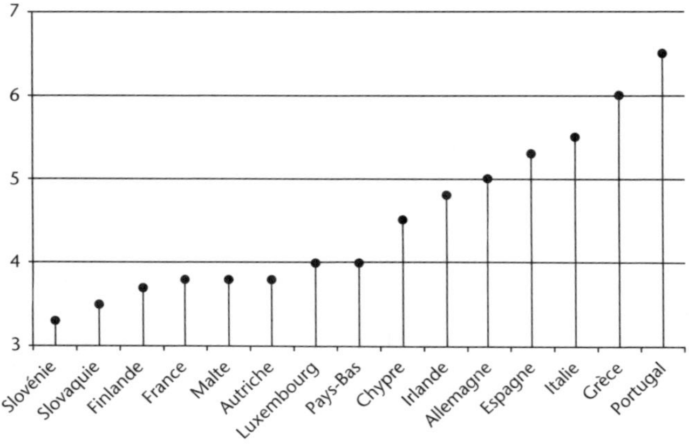

Note : rapport interquintile des revenus après transferts sociaux.

Source : Eurostat, indicateurs structurels.

Les possibilités offertes aussi bien en matière d'épargne que d'endettement sont alors plus vastes : entreprises et ménages gèrent leurs portefeuilles financiers à moindre coût et utilisent des produits financiers adaptés pour se couvrir contre les risques ; les entreprises se financent plus facilement, que ce soit par endettement ou par augmentation de capital ; et les investisseurs internationaux peuvent être attirés par ce marché plus efficace, contribuant eux aussi à accroître sa liquidité. Au total, le capital coûte moins cher, ce qui favorise l'investissement et donc l'activité et l'emploi. Cœurdacier et Martin [2009] ont ainsi estimé que l'euro a permis d'abaisser le coût d'acquisition des actifs financiers aussi bien dans l'absolu (de 14 % pour les obligations et 17 % pour les actions) que spécifiquement pour les acteurs situés à l'intérieur de la zone (de 17 % pour les obligations, et de 10 % pour les actions, qui s'ajoutent à l'effet précédent). En contrepartie, selon ces auteurs, l'euro a exercé un effet de diversion, incitant les investisseurs de la zone à acheter moins de titres émis dans les pays qui n'en font pas partie.

Tableau 2. **Taille des marchés financiers en 2008**

Milliards de dollars	Zone euro	États-Unis	Japon
Capitalisation boursière	4 985	11 738	3 209
% du PIB	*37 %*	*81 %*	*65 %*
Marché obligataire	23 793	30 658	11 478
— privé	16 012	22 766	2 362
— public	7 781	7 892	9 116
% du PIB	*176 %*	*212 %*	*232 %*
Actifs bancaires	32 511	13 996	10 027
% du PIB	*240 %*	*97 %*	*204 %*
Total en % du PIB	453 %	390 %	503 %

Source : FMI, *Global Financial Stability Report*, octobre 2009.

La taille de la sphère financière de la zone euro se situe entre celle des États-Unis et celle du Japon, si l'on ne prend en compte que les marchés obligataires et boursiers ; entre le Japon et les États-Unis, si l'on prend également en compte les crédits bancaires (voir tableau 3). Ceci reflète un mode de financement traditionnellement plus « intermédié » qu'aux États-Unis, c'est-à-dire passant davantage par les banques, moins par les marchés financiers, l'économie japonaise étant encore plus intermédiée. Nous allons voir cependant qu'une taille proche de celle des États-Unis ne correspond pas nécessairement à des marchés aussi profonds et liquides que les marchés américains, du fait de la segmentation persistante des différents marchés.

Des marchés encore cloisonnés

À l'exception du marché monétaire (marché des titres à court terme), dont l'unification était nécessaire pour la mise en œuvre de la politique monétaire unique, les marchés financiers de la zone euro étaient, en 1999, complètement cloisonnés en fonction de la nationalité des émetteurs. À quelques exceptions près (régions frontalières, très grandes entreprises), les Français empruntaient à des banques françaises, les entreprises espagnoles étaient cotées à Madrid et les bons du Trésor italiens étaient achetés par des Italiens. Cette segmentation était simplement le reflet de la segmentation des marchés des biens et des services nationaux, et du petit nombre d'entreprises actives à l'échelle de la zone euro. En outre, jusqu'à l'arrivée de l'euro, les institutions financières opéraient dans un environnement juridique et réglementaire très différent selon les pays. Des dispositions avaient bien été prises dans le cadre de l'Acte unique de 1986 pour assurer une concurrence équitable sur le marché des services financiers : on peut citer les directives de 1989 et 1993 sur les règles prudentielles imposées aux banques et, pour les marchés boursiers, la directive *Services d'investissement* de 1993 qui a établi le principe d'une reconnaissance mutuelle des activités homologuées par les États membres. Mais la compétence des autorités de régulation des marchés boursiers ou de surveillance bancaire était strictement nationale, et le gouvernement d'entreprise (c'est-à-dire les normes et les pratiques encadrant les relations entre dirigeants des entreprises, actionnaires et salariés), les modalités de l'appel public à l'épargne ou encore les normes comptables étaient très différents selon les pays. Dans ces conditions, aller se financer dans un autre État représentait un coût que seules pouvaient supporter les plus grandes entreprises.

Certes, l'euro n'est pas le seul vecteur d'intégration des marchés. La fusion des Bourses des valeurs, le développement des services financiers à distance contribuent à l'effacement des frontières nationales. Même si le cadre juridique de la législation européenne en matière de services financiers est l'Europe à vingt-sept, l'euro a permis d'accélérer ce processus, à des vitesses différentes selon les activités considérées [Danthine, Giavazzi et von Thadden, 2000]. C'est sur le marché obligataire que le changement a été le plus spectaculaire ; l'intégration des marchés du crédit et du marché boursier s'est révélée plus progressive et elle se heurte encore à de nombreux obstacles. Quant à la surveillance prudentielle, comme nous allons le voir, la crise financière de 2007-2008 a donné un coup d'accélérateur à sa centralisation.

Le marché obligataire, grand gagnant de l'euro

Avant 1999, les marchés obligataires européens étaient séparés par la barrière du taux de change. Des primes de risque de change étaient intégrées dans les écarts de taux d'intérêt entre pays, et le poids des titres étrangers dans les portefeuilles des compagnies d'assurances et fonds de pension était limité pour des raisons prudentielles. La monnaie unique a levé cette barrière et le marché obligataire européen, désormais unique, s'est immédiatement structuré en fonction d'un autre critère : le risque de l'émetteur.

On peut distinguer pour simplifier trois catégories de risques, évalués par des agences de notation : la dette des États, dite *dette souveraine* ; la dette des organismes publics et les produits très sûrs comme les obligations foncières (titres adossés à des créances immobilières mais garantis par les banques, comme les *Pfandbriefe* allemands) ; la dette des entreprises (*corporate debt*). Le rendement des obligations étant inversement lié au niveau de risque, les investisseurs peuvent donc composer leurs portefeuilles en piochant dans ces trois catégories partout dans la zone euro, des emprunts d'État aux obligations très risquées (*high yield*), en fonction de leur appétence plus ou moins grande pour le risque. Le fonctionnement du marché obligataire de la zone euro devient ainsi comparable à celui du marché américain. En conséquence, les émissions d'obligations privées ont connu une croissance très significative après 1999 et des émissions de très grande taille ont été possibles, qui n'auraient pas rencontré de demande sur un marché purement national.

Sur le marché de la dette publique, les titres restent nécessairement identifiés par pays puisque les budgets restent gérés au niveau national et parce que le Traité interdit aux États membres de se financer mutuellement (clause dite de *bail-out*, ou « non-renflouement » ; voir la description de la politique budgétaire au chapitre IV). En revanche, la détention de ces titres est beaucoup plus diversifiée : la part de la dette publique française détenue par des non-résidents est ainsi passée de 15 à 66 % entre 1997 et 2009 grâce à la disparition du risque de change au sein de la zone euro et, dans une moindre mesure, à l'accroissement du rôle international de l'euro (chapitre V).

Avant 1999, la grande question était de savoir si les écarts de rendement entre États membres de la zone euro seraient influencés par les perspectives de croissance, d'inflation et de finances publiques de chaque État ou si les opérateurs de marché traiteraient de manière indifférenciée les différents titres publics. C'est la deuxième situation qui a prévalu jusqu'à la crise financière : jusqu'en 2007, les taux d'intérêt nominaux ont convergé de manière spectaculaire vers les taux français et allemands même dans des pays où la dette publique était élevée et la désinflation récente (voir graphique 6). Les écarts de taux se sont ensuite fortement accrus en 2007-2008, reflétant des inquiétudes sur la solvabilité de certains pays fortement exposés à la crise financière, comme l'Irlande, mais surtout traduisant un reflux général de la liquidité des marchés qui a profité principalement à l'Allemagne. La crise a mis en doute la clause de *no bail-out* : en 2009, les déclarations de certains responsables européens ont laissé entendre qu'une solution serait trouvée pour porter secours aux pays de la zone euro dont la situation financière s'aggravait. La crise a aussi relancé le débat politique sur l'intérêt d'une dette publique émise de manière centralisée au niveau européen.

Graphique 6. **Convergence des taux à long terme**
(taux des obligations d'État à dix ans, en %)

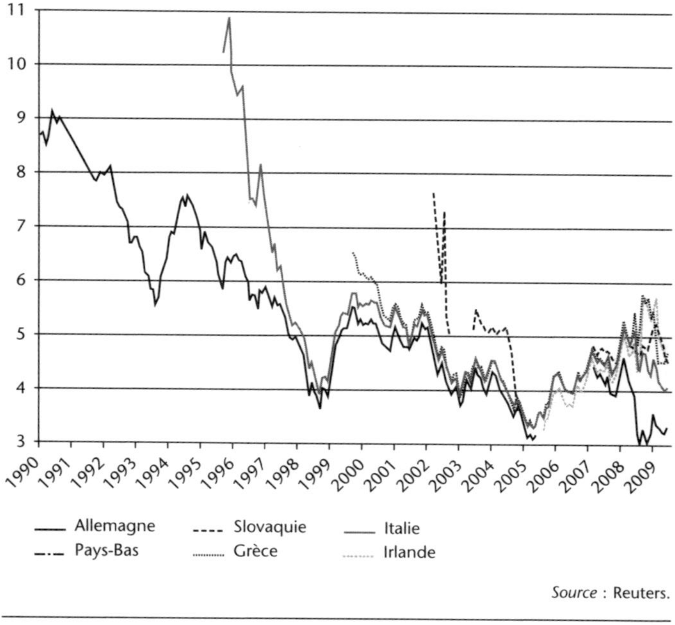

Source : Reuters.

Quelle surveillance pour le secteur bancaire européen ?

Dans le secteur bancaire, le degré de segmentation nationale est différent selon le type d'activité. Le marché interbancaire, sur lequel les banques se font mutuellement crédit, est déjà très intégré et la crise de liquidité de 2007, en dépit de son extrême gravité, n'a pas suscité de distorsions selon la nationalité des banques participantes. Le marché de la banque d'affaires l'est aussi, avec le développement des fusions transeuropéennes.

La banque de détail est en revanche une activité de proximité très dépendante des habitudes nationales. Plus que de l'unification des marchés, l'impulsion est venue de la concentration des acteurs : le nombre d'établissements bancaires a fortement diminué et des banques véritablement transnationales sont apparues, comme Dexia et, plus récemment, Unicredit-HypoVereinsbank, Santander-Abbey et BNPP-BNL.

Dès lors que certains établissements opèrent dans plusieurs pays membres de la zone euro, la bonne santé du secteur bancaire est une question d'intérêt commun. En cas de crise de *liquidité*, il est clair que l'Eurosystème a le devoir d'intervenir pour assurer la continuité des financements interbancaires, comme il l'a fait à l'automne 2008. Mais que faire en cas de problème de *solvabilité*, c'est-à-dire lorsque les actifs et les revenus futurs d'une banque ne lui permettent pas de faire face à l'ensemble de ses engagements ? De deux choses l'une : si la faillite de la banque considérée ne met pas en danger l'ensemble du système, c'est aux actionnaires d'assumer les coûts ; si elle présente un risque systémique (par exemple du fait des créances d'autres établissements bancaires qui ne seraient pas remboursées, les mettant à leur tour en difficulté, ou en cas de panique des épargnants qui retireraient leurs dépôts), c'est à l'État d'entrer en scène.

La surveillance financière s'appuie sur des règles internationales : des orientations politiques sont données par les chefs d'État et de gouvernement du G20 et déclinées par le Conseil de stabilité financière, qui regroupe les régulateurs financiers des principaux pays, et, dans le domaine bancaire, par le Comité de Bâle sur le contrôle bancaire. Mais le contrôle des banques est assuré en Europe au niveau national : en France, c'est l'Autorité de contrôle prudentiel, autorité indépendante présidée par le gouverneur de la Banque de France, qui en est chargée.

La crise financière a donné un coup d'accélérateur à l'intégration de la supervision financière, aussi bien dans le domaine microprudentiel (c'est-à-dire pour le contrôle des établissements et des marchés financiers) que macroprudentiel (c'est-à-dire pour l'identification des risques systémiques). En 2009, suivant les recommandations de l'ancien directeur général du FMI Jacques de Larosière [2009], le Conseil européen a décidé de transformer les trois comités de régulateurs européens (en matière de banques, d'assurances et de marchés) en autorités indépendantes dotées de pouvoirs propres et de créer un *Comité européen du risque systémique* présidé par le président de la BCE et dont le vice-président est le gouverneur de la Banque d'Angleterre.

Cette réforme s'inscrit dans un mouvement général visant à tirer les leçons de la crise financière en plaçant les banques centrales au cœur de la surveillance macroprudentielle, tout en respectant l'esprit du Traité (art. 127.6), qui avait prévu dès l'origine la possibilité de confier à la BCE des pouvoirs accrus en matière de surveillance bancaire. Comme l'indique Michel Aglietta [2001], « les externalités inhérentes au risque systémique n'ayant pas de frontières au sein d'une zone monétaire, elles ne peuvent être internalisées que par un régulateur systémique, qui est la banque centrale de la zone ». Reste la question du partage entre gouvernements du coût du sauvetage des banques insolvables, corollaire indispensable d'une supervision européenne. En 2008, la France et la Belgique ont pu s'entendre dans l'urgence pour sauver Dexia, nécessité faisant loi. Les nouvelles autorités prudentielles européennes n'auront pas de compétence budgétaire et ne pourront donc pas imposer aux États des règles de conduite plus claires. Espérons qu'ils le feront d'eux-mêmes avant que les prochaines crises n'éclatent.

Un marché financier, plusieurs Bourses

En matière boursière, la situation de départ était aussi très cloisonnée puisque chaque État membre avait sa Bourse des valeurs mobilières (les principales d'entre elles étant Paris, Francfort, Amsterdam et Milan), son droit des sociétés et ses autorités de régulation. À l'exception de quelques très grandes sociétés, les entreprises étaient cotées sur leur marché national et les portefeuilles des gestionnaires de fonds étaient investis en grande majorité en actions de leur propre pays.

Le paysage boursier a évolué rapidement après 1999 sous l'effet de quatre forces complémentaires. La première est la mutation des Bourses des valeurs, passées en quelques années du statut de coopératives gérées par les professionnels à celui d'entreprises de services à haute valeur ajoutée, en concurrence pour attirer les entreprises, cotées sur leur propre marché et à la recherche d'une taille critique pour financer leurs investissements. La deuxième de ces forces est la volonté de rendre le marché boursier européen aussi liquide que le marché américain, pour attirer les investisseurs internationaux. La troisième force est la tendance croissante des analystes financiers à raisonner en termes de secteurs d'activité économique plutôt que de nationalité, le risque de change ayant disparu. Enfin, la quatrième de ces forces est la réduction des coûts de transactions sur les opérations transfrontalières, incitant l'activité financière à se regrouper sur un petit nombre de places.

L'exemple d'Euronext, première capitalisation boursière en Europe (voir tableau 4), est cependant ambigu : après avoir unifié les Bourses de Paris, d'Amsterdam, de Bruxelles et de Lisbonne, la Bourse européenne a préféré en 2007 s'unir au New York Stock Exchange plutôt qu'à la Deutsche Börse, mettant fin au rêve d'une Bourse propre à la zone euro.

Tableau 3. **Capitalisation boursière**

London Stock Exchange	NYSE Euronext Europe	Deutsche Börse	Borsa Italiana	BME (Madrid)
1 341	1 508	797	375	680

Note : en milliards d'euros, décembre 2008.

Source : Fédération internationale des Bourses des valeurs.

Face à ces évolutions, l'harmonisation des réglementations nationales progresse lentement. Il n'y a pas réellement de consensus entre les États membres sur le bon degré de protection du consommateur de services financiers. Des progrès importants restent à faire en matière d'intégration des infrastructures de marché, comme le règlement-livraison, ainsi que des systèmes de paiement, domaine qui a fait l'objet d'une proposition de directive dite « SEPA » (*Single Euro Payments Area*). La directive sur les marchés d'instruments financiers (dite « MIF ») adoptée en 2004 et entrée en vigueur en 2007, qui entérinait le principe d'absence de centralisation des ordres sur les marchés et de concurrence entre les bourses, a été critiquée après la crise financière, accusée de fragmenter la liquidité. L'unification des marchés européens bute enfin sur le peu de progrès constaté en matière d'harmonisation de la fiscalité de l'épargne. Le chemin qui mène à un marché boursier unique comparable au marché américain risque d'être encore bien long.

La croissance à moyen terme de la zone euro

Comment les changements de comportements et d'organisation qui viennent d'être décrits se traduisent-ils dans les performances macroéconomiques de la zone euro ? Le bon fonctionnement des marchés, l'investissement, le taux d'emploi ou encore le développement des technologies nouvelles sont autant de facteurs qui déterminent à moyen terme le taux de croissance du potentiel d'offre de la zone euro. Ce taux de croissance, aussi appelé *taux de croissance potentielle,* permet à la BCE de porter un regard normatif sur le rythme d'activité à un instant donné et de déceler d'éventuelles tensions inflationnistes. Il témoigne aussi, sur longue période, de l'élévation du niveau de vie des habitants de la zone. Atteindre la croissance potentielle la plus élevée possible est un enjeu essentiel si la zone euro veut peser sur la scène économique mondiale et si elle veut préserver les niveaux de protection sociale et d'investissement public auxquels les citoyens européens sont attachés. Mais la croissance potentielle n'est que la résultante de l'ensemble des politiques, nationales ou communautaires, mises en œuvre dans la zone.

Investissements et productivité : la zone euro à la traîne ?

En 2008, la Commission européenne estimait que la croissance potentielle de la zone euro atteindrait environ 2-2,25 % par an à l'horizon 2012, pour s'affaisser ensuite graduellement et approcher de 1 % par an à l'horizon 2050, contre 2,5 % aux États-Unis [Commission européenne, 2008]. On sait bien que les évolutions démographiques sont moins favorables en Europe qu'aux États-Unis, ce qui explique ces sombres perspectives.

Mais la démographie n'explique pas tout, et le passé récent est riche d'enseignements.

Comme le montre la décomposition de la croissance présentée dans le tableau 5, la croissance potentielle de la zone euro a été inférieure de plus d'un demi-point à celle des États-Unis sur la période 1999-2008 et cet écart résulte principalement de la productivité horaire du travail, qui a crû de 2 % par an aux États-Unis contre seulement 1,3 % par an dans la zone euro. Cet écart est dû à la fois à une efficacité globale plus élevée du processus de production (productivité globale des facteurs) et à la substitution du capital au travail, résultat d'un investissement plus élevé qui accroît mécaniquement la productivité du travail. Pour élever la croissance potentielle de la zone euro, la priorité est donc d'abord d'accroître la productivité du travail en rattrapant le retard d'investissement, en particulier dans les nouvelles technologies. En améliorant les conditions de l'offre, l'euro devrait en soi favoriser l'investissement. Mais son rôle restera modeste par rapport à des réformes structurelles comme l'émergence d'universités européennes qui soient des pôles d'excellence à l'échelle mondiale, les incitations à l'innovation, en particulier dans les entreprises petites ou moyennes, les investissements dans les infrastructures des nouvelles technologies, comme la fibre optique, les réformes des marchés du travail et la poursuite de l'intégration des marchés financiers [Commission européenne, 2008, partie II, section 3].

Tableau 4. **Origines de l'écart de croissance potentielle entre les États-Unis et la zone euro entre 1999 et 2008**

% par an	**États-Unis**	**Zone euro**	**Écart**
Croissance potentielle, *dont :*	+ 2,8 %	+ 2,2 %	+ 0,6 %
Force de travail, *dont :*	+ 0,8 %	+ 0,8 %	–
– Emploi	+ 1,2 %	+ 1,2 %	–
– Heures travaillées	– 0,3 %	– 0,4 %	–
Productivité horaire, *dont :*	+ 2,0 %	+ 1,3 %	+ 0,7 %
– Ratio capital/travail	+ 0,8 %	+ 0,5 %	+ 0,3 %
– Productivité globale des facteurs	+ 1,2 %	+ 0,8 %	+ 0,4 %

Source : Commission européenne [2008], tableau II.3.1, p. 168.

En 1998, le PIB par habitant dans la zone euro était inférieur d'un tiers à celui des États-Unis. Si elle veut rattraper le niveau de vie des États-Unis, la zone euro doit croître plus rapidement. Le retard n'est pas dû à la production par heure travaillée, qui a *grosso modo* convergé avec celle des États-Unis (même si ces derniers ont repris récemment de l'avance, comme le montre le tableau 5). Il est dû pour partie à un temps de travail inférieur au niveau américain, et surtout à un taux d'emploi beaucoup plus faible. L'élévation du taux d'emploi dans la zone euro, par la hausse du taux d'activité et la poursuite de la baisse du chômage, est donc la priorité des prochaines années.

Conclusion : un accélérateur de changement

L'euro est généralement considéré comme un succès car il a accéléré la mise en place du marché financier unique, a mis fin aux désordres monétaires récurrents au sein de la zone tout en maintenant une inflation faible et stable dans l'ensemble de la zone, et parce qu'il a, lors de la crise financière de 2007-2008, agi comme un bouclier pour les États de la zone. Pourtant, les performances économiques de la zone euro ont déçu au cours de ses dix premières années d'existence. Peut-être est-ce parce que les attentes étaient trop fortes. La contribution de l'euro à l'intégration des marchés et à l'efficacité économique — disparition des coûts de conversion en devises, accroissement de la concurrence par la comparaison des prix — ne peut être significative que combinée aux efforts d'intégration menés sur chaque marché — biens et services, travail, marchés financiers, efforts pour lesquels les États membres sont en première ligne. Face aux enjeux de la croissance et de la compétitivité, la solidarité monétaire au sein de la zone euro est un atout mais ne peut se substituer à des politiques ambitieuses en matière d'intégration, de financement des biens publics, de solidarité. Ceci suppose que l'Eurogroupe prenne son destin en main et ose utiliser à plein les compétences nouvelles que le traité de Lisbonne lui assigne. Si le sentiment d'urgence né de la crise financière de 2007-2008 ne le pousse pas à le faire, ce sera la concurrence des grands pays émergents qui un jour l'imposera.

II / La BCE aux commandes de l'euro

Pour la première fois dans l'histoire, des États souverains partagent un attribut essentiel de leur souveraineté, la monnaie, tout en gardant le contrôle des autres instruments de la politique économique et en particulier de leur politique budgétaire. La Banque centrale européenne (BCE), l'Eurosystème, le Système européen de banques centrales (SEBC) : autant de noms abstraits qui, réunis, forment une des seules institutions fédérales de l'Europe. Quel est leur rôle ? Indépendance de la banque centrale, priorité donnée à la stabilité des prix : quels sont les avantages et les risques des choix qui ont été faits à Maastricht, et comment ont-ils passé l'épreuve du temps ? Des questions que peut légitimement se poser un(e) citoyen(ne) européen(ne).

Mandat et responsabilité politique de la BCE

La BCE a été créée en 1998. Ses statuts, décidés à Maastricht en décembre 1991, sont inscrits dans le traité instituant la Communauté européenne, plus précisément dans l'article 127 (rappelons qu'on utilise ici la numérotation du traité de Lisbonne sur le fonctionnement de l'Union européenne) et dans le protocole annexé au traité portant statuts du SEBC. Elle est responsable de la définition et de la mise en œuvre de la politique monétaire, de la conduite des opérations de change et d'autres missions comme la surveillance du système de paiement TARGET (*Trans-european Automated Real-time Gross Settlement Express Transfer System*, qui centralise les échanges de liquidité entre banques dans la zone euro), la coopération avec les pays candidats à l'adhésion à l'Union sur les questions monétaires, l'établissement des statistiques monétaires et de la balance des paiements... Ses missions peuvent évoluer : le Traité (art. 127.6) prévoit ainsi la possibilité que des responsabilités supplémentaires lui soient confiées en matière de contrôle bancaire. Les chefs d'État et de gouvernement européens ont fait un pas dans cette direction en 2009 en créant un Conseil européen des risques systémiques que dirige le président de la BCE.

L'objectif principal de la BCE est de maintenir la stabilité des prix dans la zone euro — stabilité que la BCE définit comme une hausse annuelle de l'indice des prix à la consommation de la zone euro inférieure à 2 % par an et proche de cette valeur, sur le moyen terme. Initialement, l'objectif était une inflation « positive et inférieure à 2 % » par an, c'est-à-dire comprise entre 0 % et 2 % et donc fluctuant autour de 1 %. Cependant cette fourchette ne permettait pas d'anticiper comment la BCE réagirait à une inflation très faible — par exemple de 1 % par an. L'ambiguïté a été levée avec la mise en avant de l'objectif de 2 %.

Qu'entend-on par « inflation » ? Il s'agit en pratique de la variation sur douze mois de l'indice des prix à la consommation harmonisés (IPCH), calculé par l'office statistique de l'Union européenne, Eurostat, à partir d'une définition commune des indices de prix dans chaque pays de la zone. Sans préjudice de cet objectif principal, la BCE apporte son soutien aux politiques économiques générales de l'Union européenne (UE) qui visent à un « développement durable de l'Europe fondé sur une croissance économique équilibrée et sur la stabilité des prix, une économie sociale de marché hautement compétitive, qui tend au plein emploi et au progrès social, et un niveau élevé de protection et d'amélioration de la qualité de l'environnement » (art. 3 du traité sur l'Union européenne). Cette définition des objectifs soulève d'emblée trois questions importantes.

Quel objectif d'inflation ?

Dans les années 1990 s'est développée une argumentation théorique et empirique mettant en garde les banques centrales contre la poursuite d'un objectif d'inflation trop rigoureux.

En premier lieu, les indices de prix à la consommation surestiment l'inflation, par des effets de qualité et de structure : ils prennent mal en compte le fait que certaines hausses de prix sont dues à une hausse de la qualité (que l'on songe au prix des ordinateurs) ; ils n'enregistrent qu'avec retard les modifications des comportements de consommation (développement du *hard discount* ou des achats sur Internet) et surtout les substitutions effectuées à court terme dans le panier de consommation en réaction aux modifications des prix relatifs (les ménages consomment moins de poulet et davantage de porc si le prix relatif du poulet augmente, etc.). Cette surestimation de l'inflation, dite « effet Boskin », serait de l'ordre de 0,6 % aux États-Unis [Lebow et Rudd, 2001], entre 0,1 % et 0,25 % par an en France [Lequiller, 1997], mais elle n'en signifie pas moins que la stabilité de l'indice des prix recouvre en réalité une situation de déflation.

En deuxième lieu, la rigidité des salaires nominaux à la baisse (difficile de diminuer la paye des salariés) rend nécessaire un certain niveau d'inflation pour permettre aux entreprises subissant des difficultés temporaires, toujours présentes même dans une économie dynamique, de réduire le coût réel du travail sans baisser les salaires nominaux. Akerlof, Dickens et Perry [1996] recommandent pour cela que l'inflation soit comprise entre 1,5 et 4 % dans les pays développés.

En troisième lieu, le rattrapage du niveau de vie des pays les plus pauvres de la zone euro justifie, sur longue période, une inflation plus élevée dans ces pays (ce mécanisme, appelé « effet Balassa-Samuelson », est détaillé dans le chapitre IV). Ce n'est pas réellement un problème pour la zone euro tant que les grands pays en transition comme la Pologne ne l'ont pas rejointe. Mais cela complique le pilotage économique des pays périphériques qui aspirent à rentrer dans l'euro.

Enfin, l'expérience malheureuse du Japon dans les années 1990 nous rappelle qu'un taux d'inflation positif permet de contenir le taux d'intérêt réel en période de ralentissement économique. Le raisonnement est le suivant. Le taux d'intérêt réel, qui mesure le pouvoir d'achat supplémentaire apporté par un placement financier, est égal à la différence entre le taux d'intérêt nominal et le taux d'inflation. Plus il est élevé, plus les ménages et les entreprises hésitent à investir (voir chapitre III). Or le taux d'intérêt nominal n'est jamais inférieur à zéro : s'il l'était, pourquoi ne pas détenir toute sa richesse sous forme de pièces et de billets, dont la valeur faciale est assurée ? Un taux d'inflation négatif implique donc un taux d'intérêt réel positif, qui pèse sur l'activité économique.

Pour toutes ces raisons, il est possible que l'objectif de 2 % soit trop bas ; le consensus sur le « bon » niveau d'inflation pour les pays avancés se situe plutôt entre 1-1,5 % et 3-3,5 %.

Qu'est-ce que le « moyen terme » ?

La BCE a annoncé clairement qu'en cas de hausse ponctuelle du taux d'inflation au-dessus de 2 %, elle ne réagirait pas de manière agressive mais chercherait à ramener progressivement la hausse des prix en dessous de ce chiffre. Il y a là une marge d'appréciation qui fournit à la BCE une flexibilité bienvenue en cas de choc sur les prix (comme le choc pétrolier de 2008) mais qui contribue à réduire la prévisibilité de la politique monétaire européenne ainsi que son contrôle *a posteriori* (il est difficile de dire si la BCE atteint ou non son objectif). On peut citer, par contraste, le cas de la Banque d'Angleterre dont la cible d'inflation est appréciée sur deux années glissantes.

Quelle hiérarchie des objectifs ?

Le Traité prévoit des objectifs secondaires mais les subordonne strictement à l'objectif principal de stabilité des prix, et la BCE n'a pas jugé utile de les formaliser dans la définition de sa stratégie monétaire. Ceci signifie-t-il qu'elle restera sans réagir en cas de ralentissement de la demande ? Non, en principe, car il n'y a pas de conflit entre les objectifs lorsqu'une économie est dominée par des chocs de demande (variations de la demande mondiale, errance du moral des consommateurs...). Dans ce cas, qui est le plus fréquent, stabiliser l'inflation équivaut à stabiliser l'activité, car une poussée de la demande fait monter les prix tandis qu'une chute de la demande les fait baisser (voir encadré ci-dessous). C'est ainsi que la BCE a fortement abaissé ses taux d'intérêt en 2008-2009 en réponse à la crise financière qui pesait simultanément sur l'activité et sur les prix dans la zone euro.

Les choses se compliquent si l'économie subit des chocs d'offre comme une hausse brutale du prix du pétrole ou des gains rapides de productivité. Dans le premier cas, l'activité diminue mais les prix augmentent ; c'est l'inverse dans le second

Le lien entre activité et prix

À long terme, il est généralement admis que la monnaie est neutre, c'est-à-dire que le niveau des prix et le taux d'inflation n'ont pas d'impact sur la production (même si l'incertitude sur les prix peut être défavorable), et qu'en retour, le niveau de production et la croissance n'ont pas d'impact sur les prix, confirmant l'intuition de Milton Friedman selon laquelle « la monnaie est partout et toujours un phénomène monétaire » (Milton Friedman faisant ici référence au long terme).

À court terme, l'activité subit des chocs positifs et négatifs touchant l'offre (les capacités et les coûts de production) et la demande (la consommation, l'investissement, les exportations). L'activité et les prix réagissent dans le même sens à un choc de demande (par exemple, une baisse de l'activité aux États-Unis freine à la fois les exportations et l'inflation en Europe), mais ils réagissent en sens contraire à un choc d'offre (par exemple, une baisse du prix du pétrole ou une vague d'innovation technologique stimule l'activité tout en abaissant les prix). Tel est l'enseignement du modèle offre agrégée-demande agrégée, dit encore modèle de la synthèse classico-keynésienne. Dans un diagramme production-prix, on représente l'offre agrégée à court terme par une courbe croissante (voir graphique 1). En effet, une hausse des prix ne se répercute pas immédiatement sur les salaires, ce qui améliore les conditions de production des entreprises et les incite temporairement à produire davantage. Dans ce même repère, on représente la demande agrégée par une courbe décroissante. La raison en est qu'une hausse de prix réduit la demande en abaissant la richesse réelle des consommateurs et/ou en incitant la banque centrale à relever les taux d'intérêt.

Graphique 1. **Effet sur la production et les prix d'un choc de demande et d'un choc d'offre**

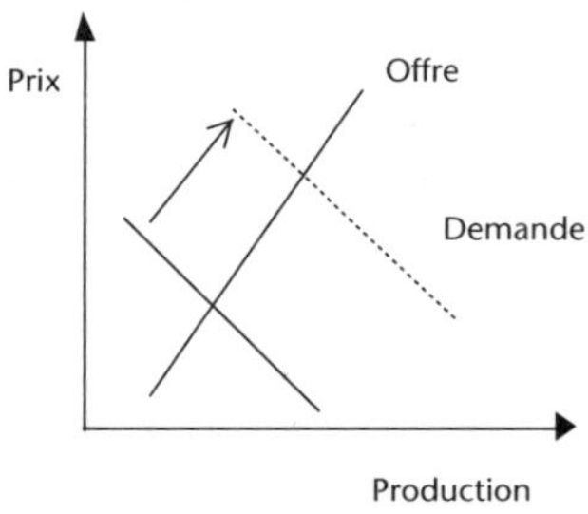

a. Choc positif sur la demande

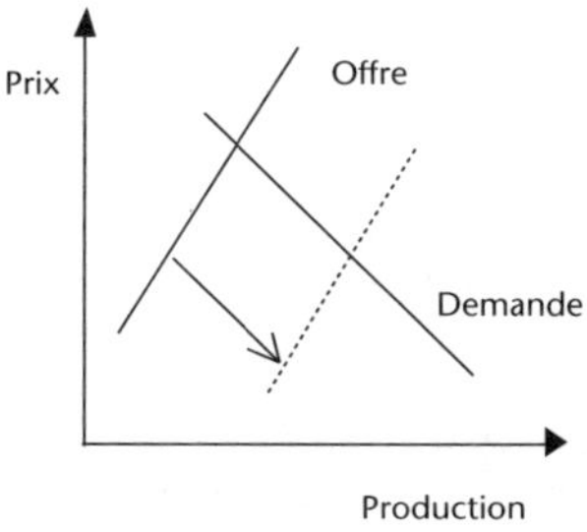

b. Choc positif sur l'offre

Lecture : un choc positif sur la demande déplace la courbe de demande vers la droite. La production et les prix augmentent simultanément. La hausse des prix incite les entreprises à produire la nouvelle quantité demandée. De son côté, un choc positif sur l'offre entraîne une hausse de l'activité, mais une baisse de prix. La baisse de prix est la condition pour que la nouvelle quantité offerte trouve un débouché.

cas, mais les prix évoluent toujours en sens contraire de l'activité. La banque centrale est donc face à un choix : stabiliser les prix ou stabiliser l'activité. Compte tenu de la hiérarchie affichée des deux objectifs, la BCE choisira sans hésiter de stabiliser les prix, relevant, par exemple, le taux d'intérêt en cas de hausse du prix du pétrole. Dans une telle situation, l'objectif de prix serait de fait le seul objectif des autorités monétaires. Une telle réaction pose problème quand le choc est transitoire, car l'augmentation des taux d'intérêt réduit l'investissement et ralentit la hausse des capacités de production, ce qui, à terme, relance l'inflation. La BCE est d'ailleurs consciente du problème puisqu'elle met en avant le concept d'inflation *sous-jacente* — taux d'inflation « nettoyé » des facteurs les plus volatils comme le prix de l'énergie et des produits alimentaires frais (voir chapitre III).

La BCE a également — de fait — un rôle de *prêteur en dernier ressort* dans la zone euro. Cela signifie que, en cas de crise de liquidité dans le système bancaire, elle crée et apporte aux banques, contre des collatéraux (c'est-à-dire des actifs financiers que la BCE conservera si les prêts ne sont pas remboursés), la liquidité nécessaire pour assurer le bon fonctionnement du marché du crédit, puis retire et détruit cette liquidité une fois la crise terminée. Nous reviendrons plus loin sur la manière dont la BCE a réagi face à la crise de liquidité de 2007-2008. Le rôle de prêteur en dernier ressort pourrait entrer en conflit avec l'objectif de stabilité des prix si, par exemple, la BCE se trouvait obligée de maintenir une liquidité abondante dans une période de forte hausse des prix de l'énergie et des matières premières.

La crise de liquidité de 2007-2008 a confirmé s'il en était besoin que cette fonction de prêteur en dernier ressort appelle un contrôle strict des banques et une identification précoce des risques qui menacent la stabilité du système financier. S'il n'est pas souhaitable que le contrôle des institutions bancaires soit réalisé par la banque centrale elle-même, ce qui susciterait inévitablement des conflits d'intérêt, cette fonction doit être assurée par une institution qui en est suffisamment proche. C'est le cas en France, où l'Autorité de contrôle prudentiel, créée en 2009, est présidée par le gouverneur de la Banque de France. La banque centrale doit en outre être au cœur des dispositifs d'identification des risques systémiques. Toutes les réformes engagées après la crise, que ce soit aux États-Unis, en zone euro, au Royaume-Uni ou dans les pays émergents, vont dans ce sens. Ces dispositions sont indispensables pour prévenir les crises.

L'exercice de la responsabilité politique

Comme la Fed ou la Banque du Japon, la BCE est indépendante des gouvernements. Cette indépendance est justifiée par deux types d'arguments, économiques et politiques. Depuis un célèbre article de Barro et Gordon [1983], il est souvent admis que, pour limiter l'inflation chronique, il vaut mieux confier la gestion de la politique monétaire à une institution indépendante du pouvoir politique. La raison en est qu'un gouvernement soumis au jugement des urnes sera toujours tenté d'abaisser le taux de chômage en laissant « filer » l'inflation au-delà de ce qu'anticipent les agents privés — employeurs et salariés. Ces derniers tiendront compte de cette tentation dans leurs anticipations d'inflation, donc dans leurs comportements de fixation des salaires et des prix. Indépendamment du comportement effectif du gouvernement, l'inflation sera alors chroniquement plus élevée, sans gain en termes d'emploi puisque cette inflation sera intégrée dans les revendications salariales. Ce « biais inflationniste » se double de la tentation, lorsque la dette publique est importante, de laisser celle-ci s'éroder par l'inflation. L'indépendance de la banque centrale constitue un rempart institutionnel contre ces deux dérives. De fait, au cours des années 1990, des travaux empiriques ont montré que les pays de l'OCDE les moins inflationnistes sont ceux dont les banques centrales sont les plus indépendantes, tandis qu'il ne semble pas y avoir de lien net entre le degré d'indépendance de la banque centrale et les performances en termes de croissance [Alesina et Summers, 1993].

À cet argument économique s'ajoutent en Europe des raisons politiques et historiques. Traumatisés par l'hyperinflation des années 1920, les Allemands avaient créé après la guerre une institution monétaire indépendante chargée de veiller à la stabilité des prix (cet objectif était même inscrit dans la Constitution). La Bundesbank est un élément fondamental du système politique allemand de l'après-guerre ; les Allemands souhaitaient donc calquer la BCE sur ce modèle qui avait fait ses preuves en matière de lutte contre l'inflation. Par ailleurs, l'indépendance était le seul système viable en l'absence d'un centre de décision politique unique : on voit mal comment les seize ministres des Finances, défendant chacun son intérêt national et influencé par ses échéances électorales, auraient pu se mettre d'accord chaque mois sur le niveau optimal des taux d'intérêt. Il était donc sage de rendre la BCE indépendante des pouvoirs politiques.

Cette conclusion appelle une réserve importante. L'indépendance doit avoir pour contrepartie un contrôle démocratique à la fois *en amont* (dans la définition des objectifs) et *en aval* (dans le contrôle de leur réalisation). Différents modèles sont possibles. Aux États-Unis, la Fed dispose d'une grande latitude pour définir ses objectifs et sa stratégie, mais elle entretient un dialogue étroit avec l'exécutif et avec le Congrès, qui peut modifier à tout moment ses statuts, inscrits dans une simple loi. Ainsi, le président de la Fed rencontre à intervalles réguliers le secrétaire au Trésor et témoigne deux fois par an devant le Congrès (témoignage « Humphrey Hawkins »). Dans d'autres pays, l'indépendance de la banque centrale n'est qu'opérationnelle (« indépendance de moyens »), les objectifs étant fixés par le gouvernement, et la banque centrale doit rendre compte sous forme de lettre ouverte en cas de dépassement des objectifs. C'est le cas au Royaume-Uni depuis 1997 ; l'exemple extrême étant celui de la Nouvelle-Zélande, où le président de la banque centrale peut être démis de ses fonctions en cas de non-respect des objectifs fixés par le gouvernement.

Dans la zone euro, en revanche, la BCE a établi sa propre définition de la stabilité des prix sans en référer aux autorités politiques de l'Union, et sa responsabilité (en anglais, *accountability*) vis-à-vis tant des opinions publiques que des institutions politiques dépositaires de la légitimité démocratique est moins affirmée. La BCE parle régulièrement aux opinions publiques et aux opérateurs des marchés financiers. Ceci passe principalement par les conférences de presse du président après les décisions monétaires, par le bulletin mensuel diffusé dans toutes les langues de l'Union et mis en ligne sur l'Internet, et par les interventions publiques des membres du Conseil des gouverneurs, qui s'expriment fréquemment sur la politique monétaire (à la différence des États-Unis où la communication de la Fed est plus rare). Mais les comptes rendus du Conseil des gouverneurs ne sont pas rendus publics, à la différence des États-Unis et du Japon, qui publient après quelques semaines un procès-verbal anonyme des débats, et du Royaume-Uni, où les votes nominatifs des membres du Comité de politique monétaire sont publiés, également après un certain délai. Vis-à-vis des institutions politiques, la seule obligation légale de la BCE est de répondre aux convocations de la Commission des affaires monétaires du Parlement européen (rendez-vous mensuel dit « dialogue monétaire », dont le procès-verbal est public) et d'accueillir le président de l'Eurogroupe et le commissaire chargé des Affaires monétaires, sans voix consultative, aux réunions du Conseil des gouverneurs. Le Parlement européen n'a cependant pas le pouvoir de sanctionner la BCE en cas de non-respect de ses objectifs. Le président de la BCE est par ailleurs invité aux réunions des ministres des Finances de la zone euro (l'Eurogroupe, voir chapitre IV).

Ainsi, la BCE définit les objectifs, mène la politique monétaire et évalue elle-même les résultats ; elle est « dans la position exorbitante d'être à la fois à la fenêtre et de se regarder passer » [Aglietta, 2001]. Cette situation n'est pas celle des autres grands pays, notamment le Royaume-Uni, dont les exigences sont plus importantes en matière de responsabilité de la banque centrale.

L'organisation du système européen des banques centrales

Des cercles concentriques : le SEBC, l'Eurosystème et la BCE

Située à Francfort-sur-le-Main, en Allemagne, la BCE emploie environ 1 500 personnes. C'est une filiale commune des banques centrales nationales (BCN), qui ont constitué son capital et ses réserves de change selon une clé de répartition ajustée tous les cinq ans et fondée à parts égales sur la population et le PIB. Au 1er janvier 2010, la quote-part la plus importante était celle de la Bundesbank (18,94 %) et la plus petite celle de la Banque centrale de Malte (0,06 %). Cependant, seules les BCN de la zone euro ont versé l'intégralité de leur contribution, les banques centrales des pays non participants n'en ayant versé que 7 % comme participation aux frais de fonctionnement.

Le bénéfice dégagé par la BCE, issu de la différence de rémunération entre son actif (actifs sur l'économie nationale, réserves en devises) et son passif (capitaux propres, réserves des banques,

Les organes de décision du SEBC

Le Système européen de banques centrales (SEBC) réunit les banques centrales nationales des vingt-sept États membres de l'Union européenne (la Banque d'Angleterre, la Banque de France, la Bundesbank, la Banque centrale de Bulgarie, etc.) autour de la BCE. L'Eurosystème ne comprend quant à lui que la BCE et les banques centrales nationales de la zone euro (voir schéma 1).

Le Conseil des gouverneurs de la BCE définit la politique monétaire de la zone euro. Il réunit les premier et troisième jeudis de chaque mois les gouverneurs des banques centrales nationales de la zone euro et les six membres du directoire de la BCE, soit vingt-deux personnes en 2009. Les gouverneurs des BCN sont nommés par les gouvernements nationaux, tandis que les membres du directoire sont désignés par le Conseil européen pour des mandats échelonnés de huit ans non renouvelables. Cette durée est destinée à éviter les interférences avec les cycles électoraux qui sont plus courts. Le Conseil des gouverneurs se déroule à huis clos et les comptes rendus ne sont pas publiés. À l'issue de chaque première réunion du mois, le président explique les décisions lors d'une conférence de presse. Les décisions de politique monétaire sont prises lors de cette première réunion mensuelle ou, en cas d'urgence, lors d'une simple conférence téléphonique.

Le directoire de la BCE met en œuvre les grandes orientations définies par le Conseil des gouverneurs et gère quotidiennement la BCE. Il comprend le président, le vice-président et quatre autres membres. Les mandats sont de huit ans non renouvelables. Chaque membre du directoire reçoit des attributions spécifiques : études économiques, relations internationales, opérations monétaires, billets, etc. Les deux premiers présidents de la BCE ont été le Néerlandais Wim Duisenberg (1998-2003) et le Français Jean-Claude Trichet, nommé en 2003.

Le Conseil général de la BCE, qui réunit le président et le vice-président

billets), est redistribué chaque année aux BCN de la zone euro selon la même clé de répartition. Le revenu engendré par la mise en circulation des billets en euro et par les réserves obligatoires déposées par les banques de la zone euro (voir plus loin) est appelé *revenu monétaire* ou *seigneuriage*. Il est perçu par les BCN, centralisé par la BCE qui en conserve 8 %, le reste étant redistribué aux BCN au *prorata* de leur part dans le capital. Enfin, le revenu lié à l'émission des pièces en euro demeure perçu par les États.

Un système fédéral

La politique monétaire unique est mise en œuvre par les banques centrales nationales. L'Eurosystème ressemble au

Schéma 1. **Le SEBC et ses organes de décision**

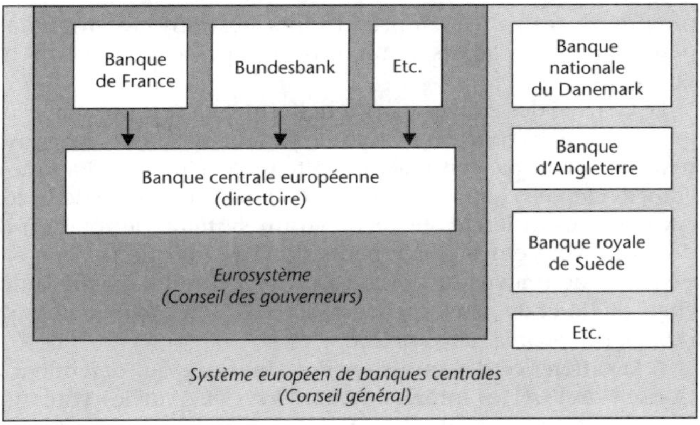

de la BCE ainsi que les vingt-sept gouverneurs européens, gère les questions communes à tout le SEBC ainsi que les relations monétaires entre la zone euro et les États membres ne participant pas à l'UEM.

L'Eurosystème est indépendant des pouvoirs politiques : ses dirigeants ne peuvent recevoir d'instruction des ministres des Finances européens ni de la Commission ; il lui est interdit de financer directement les États membres, ce qui lui assure le contrôle de la monnaie qu'elle émet ; enfin, le budget de la BCE est distinct de celui de l'UE.

système de Réserve fédérale aux États-Unis, où les décisions de politique monétaire sont prises par un comité appelé FOMC (Federal Open Market Committee) réunissant des présidents de banques centrales régionales (Chicago, Saint-Louis, Kansas City...) et des personnalités appelées *gouverneurs* (noter la différence de terminologie avec l'Europe) et nommées par le président des États-Unis. Mais cette ressemblance n'est que superficielle. Seuls cinq présidents de Fed régionales sont présents au FOMC, sur la base d'une représentation tournante, à l'exception du président de la Fed de New York qui est toujours présent, tandis que sept membres sont désignés par le président des États-Unis. En Europe, au contraire, tous les gouverneurs des pays membres de la zone euro (soit seize en 2009) sont présents au Conseil des gouverneurs, contre seulement six membres du directoire. Le Conseil des gouverneurs est donc beaucoup plus nombreux que le FOMC (vingt-deux membres contre douze) et plus décentralisé (les représentants des banques régionales pèsent pour trois quarts du total contre à peine plus de 40 % aux États-Unis).

Le Conseil des gouverneurs fonctionne selon le principe « une personne, une voix » qui accorde autant de poids au gouverneur de la Banque centrale de Malte qu'à celui de la Banque de France, même si le poids de ces pays dans l'économie de la zone euro est très différent. Il est prévu un système de rotation des droits de vote entre gouverneurs de BCN lorsque la zone euro s'élargira de nouveau (décision du Conseil réuni au niveau des chefs d'État et de gouvernement, 2003/223/EC, *Journal officiel de l'Union européenne*, 1er avril 2003).

À la différence des ministres des Finances, qui défendent au Conseil de l'UE les intérêts de leur pays et dont les votes sont pondérés selon la taille des États, les membres du Conseil des gouverneurs ne doivent pas défendre des intérêts nationaux, mais tous embrasser un point de vue fédéral. Le gouverneur de la Banque de France, par exemple, doit plaider pour une hausse de taux d'intérêt en cas de tensions inflationnistes dans la zone euro, même si l'économie française ne connaît pas ces tensions.

Les réunions du Conseil des gouverneurs ayant lieu à huis clos et les minutes des réunions n'étant pas publiées, il est difficile de savoir si les gouverneurs des banques centrales nationales « jouent le jeu » de l'intérêt collectif de la zone euro. Les simulations effectuées par Bénassy-Quéré et Turkisch [2009] sont néanmoins rassurantes car elles montrent que, même si les gouverneurs défendaient l'intérêt de leurs pays, il est très peu probable que se formerait une coalition susceptible d'imposer au directoire une décision non conforme aux intérêts de la zone euro dans son ensemble. En outre, le fonctionnement du Conseil des gouverneurs est dominé par la recherche du consensus pour faire émerger une opinion collective : les décisions de politique monétaire font l'objet de longues discussions, engagées au cours du dîner qui réunit traditionnellement les gouverneurs la veille de la réunion, et les votes formels ne sont pas l'usage. Dès lors, l'influence d'un gouverneur ne dépend pas tant de la taille du pays qu'il représente que de sa force de conviction personnelle.

Conclusion : la solitude de la BCE

La BCE est à la fois très jeune (la Banque d'Angleterre a été créée en 1694, la Fed en 1914) et très différente des autres banques centrales. Depuis sa création, le débat tourne autour de deux questions, qui doivent être traitées séparément : les concepteurs du traité de Maastricht ont-ils eu raison de lui donner un objectif presque unique, la stabilité des prix ? La BCE est-elle « trop indépendante » et devrait-elle rendre des comptes plus explicitement aux autorités politiques ?

Comme on l'a vu, la priorité donnée à l'objectif d'inflation ne signifie pas que la BCE ne peut pas soutenir la croissance : chaque fois que la zone euro fait face à un choc sur la demande, les deux objectifs sont équivalents. Simplement, la situation se complique en cas de choc d'offre : le relèvement du taux d'intérêt de la BCE, en juillet 2008, en fournit un bon exemple, la BCE s'étant alarmée de la hausse très forte des prix de l'énergie et des matières premières, dans un contexte où l'on pouvait anticiper une baisse de l'activité en lien avec la crise financière.

Avec le temps, d'autres types de conflits d'intérêt peuvent en outre apparaître, auxquels les concepteurs de la BCE n'avaient pas songé. Les responsabilités nouvelles données à la banque centrale en matière de stabilité financière depuis la crise de 2007-2008 l'amèneront-elles à lutter plus en amont contre les bulles financières et pourront-elles un jour interférer avec l'objectif de stabilité des prix ? L'avenir seul le dira.

La question de la responsabilité politique est plus difficile encore. Pour rendre justice à la BCE, le déficit démocratique qui lui est souvent reproché n'est qu'une des facettes d'un système politique européen inédit et à bien des égards imparfait : la BCE est une institution fédérale dans une Europe qui ne l'est pas et il lui est difficile de trouver un interlocuteur politique légitime. Son interlocuteur statutaire est le Parlement européen, mais pourquoi lui parler si ce dernier n'a pas de pouvoir de contrôle *a posteriori* ? En cela, le modèle européen est très différent de la conception américaine. Livrée à elle-même, la BCE semble hésiter en permanence entre trois conceptions de la responsabilité d'une banque centrale : une conception « allemande » (la banque centrale tire sa légitimité de la confiance des citoyens ; elle s'adresse directement à eux, et à eux seuls), une conception « britannique » (la légitimité provient du respect des objectifs ; elle nécessite des objectifs clairs et une politique de transparence, notamment vis-à-vis des marchés financiers), une conception « française » (même indépendante, la banque centrale s'inscrit dans un environnement politique et les relations avec les autres institutions sont formalisées).

L'avenir ne passe pas par le choix d'un modèle contre un autre mais par le renforcement des trois. La crise financière a été l'heure de vérité pour la BCE : en agissant rapidement et efficacement pour rétablir le fonctionnement du marché interbancaire en euro, en déployant tous les moyens à sa disposition pour relancer l'économie de la zone euro (voir chapitre III), la banque centrale a établi durablement sa légitimité, à tel point que les dirigeants politiques européens lui ont attribué de nouvelles compétences au sein du Conseil européen du risque systémique, qu'elle préside. Le contrôle *a posteriori* de la BCE, quant à lui, progresse plus lentement. Certains plaident pour une publication des comptes rendus des réunions du Conseil des gouverneurs [Buiter, 1999 ; Blinder *et al.*, 2001] : ces minutes devraient être anonymes, sans quoi elles exposeraient les gouverneurs à des pressions personnelles et perdraient rapidement tout contenu informatif. Finalement, la question la plus épineuse est sans doute celle de la relation avec les autres institutions européennes. La solution britannique d'un objectif d'inflation fixé par l'autorité politique ne doit pas être un tabou : dans tous les grands pays, l'indépendance des banques centrales est complète sur les moyens, mais leurs objectifs doivent être légitimés politiquement. La crise financière a vu la BCE se coordonner étroitement avec les gouvernements de la zone euro sans sacrifier son indépendance. Peut-être cet épisode dramatique aura-t-il marqué l'âge de la maturité et permis à chacun de dépasser les appréhensions initiales.

III / La politique monétaire en action

La mise en œuvre de la politique monétaire unique repose sur les *principes* inscrits dans le traité et qui viennent d'être décrits, mais aussi sur une *boîte à outils* comparable à celles des autres banques centrales des pays industriels avancés, sur une *connaissance* progressive des rouages de l'économie de la zone euro et, enfin, sur des *choix stratégiques* opérés par la BCE elle-même. Quel est le poids respectif de ces différents éléments dans la conduite de la politique monétaire ? Comment les outils et la stratégie de la BCE ont-ils évolué après 1999 et lors de la crise financière de 2007-2008 ? Telles sont les questions auxquelles tente de répondre ce chapitre.

La boîte à outils de la BCE

Comme les autres banques centrales, la BCE crée de la monnaie en reprenant à son actif des titres apportés par des banques et en payant ces titres avec de la monnaie dite « monnaie banque centrale » (qui recouvre le crédit de leurs comptes auprès de la banque centrale et les billets et pièces en circulation). L'essentiel de ces opérations sont menées par les banques centrales nationales dans le cadre d'une procédure régulière appelée appel d'offres. La BCE peut aussi fournir des liquidités sur demande aux institutions financières au travers des facilités de prêt et de dépôt ; enfin, elle leur impose, par sécurité, de conserver un dépôt minimum, appelé réserves obligatoires.

La politique monétaire consiste donc pour la BCE à modifier les conditions d'emprunt des banques auprès d'elle et, par ce moyen, à modifier le prix de la liquidité (le taux d'intérêt) sur le marché monétaire où les banques échangent les prêts et les emprunts à très court terme. Les différentes opérations de politique monétaire sont décrites dans cette section ; on verra aussi comment les taux d'intérêt du marché monétaire influencent les taux pratiqués à un horizon plus long (quinze jours, trois mois, et jusqu'à trente ans), qui déterminent les comportements d'emprunt des entreprises et des ménages.

Appels d'offres et facilités permanentes

Les *appels d'offres* : chaque semaine, les banques centrales de la zone euro procèdent à des appels d'offres visant à fournir de la liquidité au marché, sous forme de prises en pension (c'est-à-dire de détention provisoire) de titres détenus par des banques commerciales pour une durée de deux semaines. Ces opérations sont complétées chaque mois par des appels d'offres à plus longue échéance (trois mois) et, exceptionnellement, par des appels d'offres d'échéance beaucoup plus longue, un an par exemple — c'est ce qu'a fait la BCE pour rassurer les banques sur leur accès à la liquidité entre 2007 et 2009.

Ces opérations peuvent être réalisées selon les périodes à *taux d'intérêt fixe* ou à *taux d'intérêt variable*. Les taux fixes ont prévalu entre 1999 et 2000, puis pendant la crise financière entre 2007 et 2009. Les taux variables ont prévalu entre 2000 et 2007 et à partir de la fin 2009.

Dans le cas d'un appel d'offres à taux fixe, l'Eurosystème fixe à la fois les montants distribués et le taux des crédits. Les banques proposent chacune une certaine quantité de collatéraux (actifs gagés en garantie du prêt) correspondant à la liquidité qu'elles désirent obtenir au taux annoncé par l'Eurosystème, appelé taux de refinancement. L'Eurosystème alloue ensuite la liquidité au prorata des offres des banques. Ce dispositif est particulièrement sécurisant pour les banques. Mais la banque centrale doit être prête à fournir des quantités importantes de liquidité et donc à relâcher temporairement son contrôle de la masse monétaire. Durant la crise financière, la BCE a fourni aux banques toute la liquidité que ces dernières souhaitaient, sans restriction autre que l'apport de collatéral.

Dans le cas d'un appel d'offres à taux variable, les banques indiquent la quantité de liquidité qu'elles désirent et le taux d'intérêt qu'elles sont prêtes à payer, au-dessus d'un taux minimum indiqué par la BCE et appelé taux minimum des appels d'offres ou, ici aussi, *taux de refinancement*. Le taux de refinancement constitue de ce fait le principal instrument de la politique monétaire. Les « décisions de politique monétaire » consistent à modifier ce taux. Lors des appels d'offres à taux variables, l'Eurosystème distribue la liquidité aux banques disposées à payer le taux le plus élevé.

Le choix des actifs acceptés en garantie des prêts consentis par la banque centrale est crucial pour s'assurer que l'ensemble des banques ont accès à la liquidité. L'Eurosystème se distinguait, dès avant la crise financière de 2007-2008, par l'acceptation de collatéraux plus variés qu'à la Banque d'Angleterre ou la Réserve fédérale américaine : certains titres de créances refinançant des actifs titrisés (*asset backed securities*), parmi les plus sûrs, ou encore des prêts bancaires étaient acceptés. La possibilité pour les banques de mobiliser une large gamme d'actifs a permis au marché interbancaire en euro de bien résister à la crise financière, et les autres banques centrales ont vite suivi l'exemple. En 2008-2009, la BCE s'est refusée à mettre en place des programmes d'achat direct de titres de créance émis par le secteur public ou par les entreprises, comme aux États-Unis et au Royaume-Uni, préférant rester dans le cadre d'appels d'offres à durée déterminée, à l'exception d'un programme d'ampleur limitée d'achat d'obligations sécurisées (*covered bonds*) visant à réanimer un marché important pour le financement à long terme de l'économie.

Pour finir, il convient de noter que, pour protéger les comptes de la BCE, les collatéraux les plus risqués, ceux qui ne sont pas émis ou garantis par des États et dont la valeur peut se dégrader rapidement sur les marchés, font l'objet d'une décote appelée *haircut* : le montant de collatéral exigé par la banque centrale est supérieur, parfois significativement, aux liquidités fournies.

Les *facilités de prêt et de dépôt* : les banques commerciales ont la possibilité d'obtenir de la liquidité au jour le jour auprès de l'Eurosystème en dehors des appels d'offres bimensuels, toujours contre collatéral, mais à un taux fixe supérieur au taux de refinancement, dit des *facilités marginales de prêt*. Les banques peuvent également déposer leurs liquidités au jour le jour auprès de l'Eurosystème, à un taux fixe inférieur au taux de refinancement et dit des *facilités marginales de dépôt.* Ces deux taux n'influencent pas le fonctionnement quotidien du marché monétaire puisque leur niveau les rend peu attrayants pour les banques, qui préfèrent se présenter aux appels d'offres. Ils visent seulement à assurer le bon fonctionnement du marché dans des situations exceptionnelles d'offre ou de demande de fonds très élevées et à encadrer les taux de marché de très court terme (voir plus bas).

Les *réserves obligatoires* : il s'agit d'un seuil minimum obligatoire de dépôts des banques auprès de l'Eurosystème, égal à 2 % des dépôts de leurs clients et rémunéré au taux de refinancement.

Taux directeurs et taux de marché

En fixant le taux des appels d'offres (dans le cas d'un appel d'offres à taux variable, le taux minimum) et les taux des facilités de prêt et de dépôt, la BCE influence l'ensemble des taux de marché, et c'est la raison pour laquelle on appelle *taux directeurs* les taux fixés par la banque centrale. Par exemple, les banques disposant de liquidités pour vingt-quatre heures ont la possibilité de déposer ces liquidités auprès de l'Eurosystème, ou bien de les prêter à d'autres banques (sur le marché dit interbancaire). On appelle taux d'intérêt au jour le jour (JJ) le taux pratiqué sur le marché interbancaire. Sa mesure la plus courante est l'EONIA (*Euro OverNight Index Average*), moyenne de taux rapportés quotidiennement par un échantillon d'une cinquantaine d'établissements de la zone euro. Du fait de l'arbitrage opéré par les banques entre l'emprunt sur le marché ou auprès de l'Eurosystème, le JJ évolue dans le corridor défini par le taux des facilités de dépôt et le taux des facilités de prêt (voir graphique 1). La plupart du temps, il est proche du taux de refinancement. Ce mécanisme d'arbitrage permanent ainsi que l'existence d'un système de paiement unifié dans la zone euro, TARGET, assurent l'unicité des taux pratiqués sur le marché monétaire dans l'ensemble de la zone.

Les taux directeurs de la BCE influencent aussi indirectement les taux d'intérêt à plus long terme de la zone. Cette transmission repose sur l'arbitrage des marchés entre actifs (ou emprunts) à différentes maturités et sur la manière dont la BCE oriente les anticipations par sa politique de communication. Par exemple, l'anticipation d'une hausse des taux directeurs le mois suivant fera immédiatement augmenter le taux d'intérêt à un

Graphique 1. **Influence des taux d'intérêt directeurs sur le taux au jour le jour**

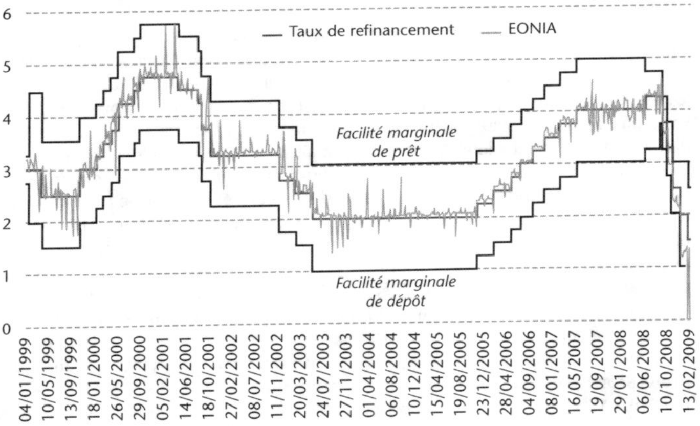

Source : BCE.

mois de manière à égaliser le rendement sur un placement à un mois et celui sur un placement plus court renouvelé plusieurs fois au cours du mois (voir encadré).

L'impact de la politique monétaire sur l'économie

Comme dans toute économie, les taux directeurs de la BCE affectent les comportements de demande par différents canaux (voir encadré). D'abord, comme on l'a vu plus haut, ils se propagent aux taux d'intérêt de maturité plus longue et influencent ainsi le partage du revenu entre dépenses et épargne — on parle de canal des taux d'intérêt ou de canal de la monnaie. Ensuite, ils affectent l'offre de crédit des banques : on parle de canal du crédit. Enfin, ils agissent aussi sur la demande *via* la variation du taux de change. Il s'agit là du canal du taux de change.

Comment les différents canaux de transmission fonctionnent-ils dans la zone euro ? S'agissant du *canal du taux d'intérêt*, l'importance de l'effet revenu varie considérablement suivant les pays en raison d'un niveau d'endettement inégal et de pratiques

La courbe des taux d'intérêt

Les taux du marché interbancaire à quinze jours et à trois mois sont influencés par les taux directeurs, mais de manière moins étroite que le taux au jour-le-jour car les appels d'offres ne sont pas quotidiens et l'offre et la demande sur le marché jouent donc un rôle plus important. Pour les maturités supérieures à trois mois, l'influence des taux directeurs est encore moins nette et passe en partie par les anticipations des agents sur leur évolution future : une hausse attendue des taux directeurs fait immédiatement augmenter les taux de marché aux horizons de trois mois ou d'un an, car les agents préféreront dans ce cas renouveler plusieurs fois des placements courts plutôt que d'acquérir en une seule fois un actif à plus longue échéance. On le voit clairement sur le graphique 2, qui décrit l'évolution des taux interbancaires au jour le jour (EONIA) et à trois-douze mois (Euribor, pour *European Inter-Bank Offered Rate*) au cours de l'année 2006, où le taux directeur a été plusieurs fois relevé : cette hausse était chaque fois anticipée, si bien que l'impact immédiat des hausses de taux directeurs a été plus faible pour les taux de maturité plus éloignée. Le mécanisme est le même sur les maturités plus longues, Le graphique 3 montre, par exemple, que la hausse puis la stabilisation des taux courts durant l'année 2000 avaient été largement anticipées par les agents, le taux des emprunts d'État à dix ans ayant cessé d'augmenter dès le début de l'année.

Graphique 2. **Taux directeurs et taux de marché en 2006**

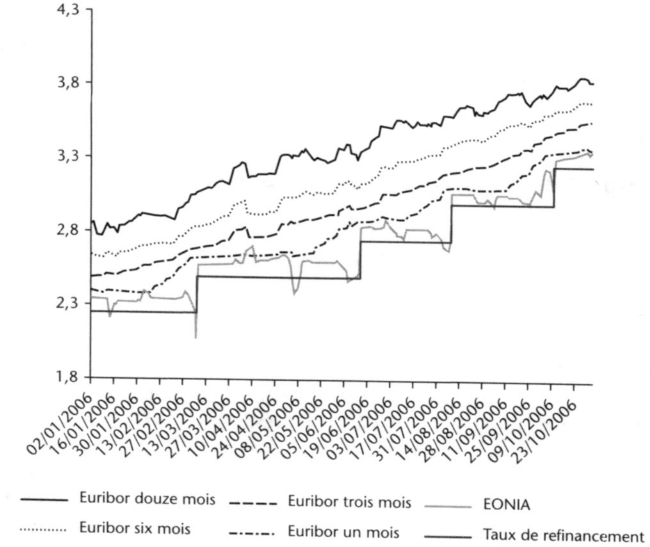

Source : Reuters.

Graphique 3. **Taux courts, taux longs**

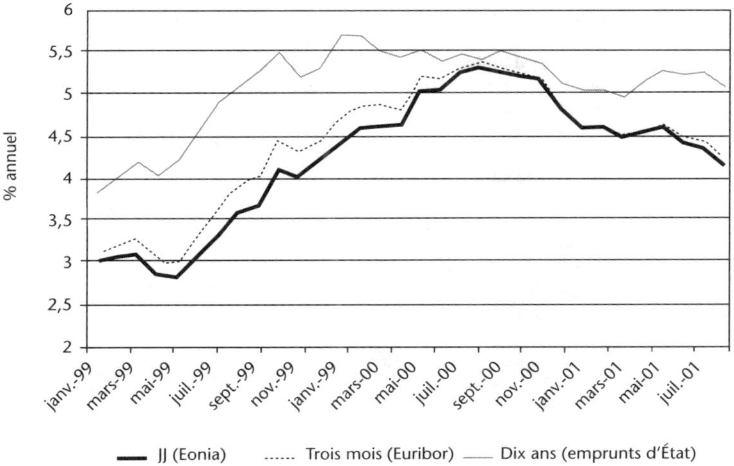

Source : BCE.

Le lien entre les taux d'intérêt à différents horizons est appelé « courbe des taux ». En général, les taux longs (dix ans, par exemple) sont supérieurs aux taux plus courts (inférieurs à un an), car ils incorporent une prime de risque : à taux d'intérêt égal, un épargnant préfère placer à un an et renouveler neuf fois son placement plutôt que de placer directement à dix ans et d'encourir un risque de dévalorisation de son actif en cas de variation des taux du marché ou de défaut de l'emprunteur ; les taux à dix ans sont donc en général plus élevés pour attirer les épargnants : on dit que la pente de la courbe des taux est positive. Cependant, la courbe des taux peut s'inverser lorsque les agents anticipent une baisse sensible des taux d'intérêt : l'épargnant préfère alors placer à dix ans (à taux élevé) plutôt que de placer à un an et d'être obligé ensuite de renouveler son placement à un taux moins favorable. Alors que les taux courts sont fortement influencés par la politique monétaire, l'impact de cette dernière sur les taux longs est donc complexe, fonction des anticipations des marchés. Or les comportements macroéconomiques — épargne, investissement — dépendent en grande partie des taux longs. C'est un enjeu important pour la politique monétaire, qui doit non seulement piloter le marché monétaire mais aussi chercher à orienter les anticipations.

Les canaux de transmission de la politique monétaire

Le canal du taux d'intérêt

Lorsque les taux d'intérêt augmentent, trois phénomènes peuvent se produire :

— un effet de substitution : il devient plus avantageux de consommer demain qu'aujourd'hui, ce qui conduit les ménages à accroître leur épargne. Les entreprises, parallèlement, placent leurs liquidités sur le marché financier plutôt que dans l'appareil productif ;

— un effet de revenu : les agents endettés ou qui désirent s'endetter, voyant leurs charges d'intérêt s'alourdir, réduisent leurs dépenses ;

— un effet de richesse : la hausse du taux d'intérêt fait chuter les prix de certains actifs financiers (obligations à long terme, actions) dont les taux d'intérêt, fixés avant la hausse des taux de marché, n'attirent soudain plus les épargnants. Les ménages qui détiennent ces actifs, voyant leur richesse se réduire, consomment moins. Les entreprises, de leur côté, tentent de rééquilibrer leur bilan en réduisant leur endettement.

Les études empiriques montrent qu'en Europe, une hausse des taux d'intérêt affecte la demande essentiellement par le biais de l'effet revenu, ce dernier reposant en grande partie sur le comportement des entreprises, dont les charges d'intérêt sont plus réactives que celles des ménages. La rapidité de l'effet dépend de l'importance des crédits à court terme ou à taux variable, ainsi que de la vitesse de transmission des impulsions monétaires aux taux consentis par les banques à leurs clients [Bénassy-Quéré, Boone et Coudert, 2003].

Le canal du crédit

Un taux d'intérêt plus élevé amène les banques non seulement à augmenter les taux d'intérêt des prêts mais même, dans certains cas, à refuser de prêter. Ce mécanisme de rationnement du crédit est lié à

différentes en matière d'endettement à taux variable. La situation financière des ménages espagnols, qui se sont massivement endettés à taux variable au cours du boom immobilier des années 2000, est plus sensible aux mouvements du taux d'intérêt à court terme que celle de leurs homologues français ou allemands (voir tableau 1). En Belgique et en Italie, pays où la dette publique est élevée et détenue par les ménages, une hausse du taux d'intérêt élève sensiblement le revenu, et donc la consommation des ménages (dont les avoirs portant intérêt dépassent les dettes). Quant aux effets de richesse, ils sont beaucoup plus faibles en Europe continentale qu'aux États-Unis [Boone, Giorno et Richardson, 1998]. On pensait que ces différences nationales se réduiraient avec la constitution de véritables groupes bancaires européens [Mojon, 2001] : cela n'a pas été le cas.

S'agissant du *canal du crédit*, les financements bancaires tiennent traditionnellement une place importante en Europe l'asymétrie d'information entre le prêteur (la banque) et l'emprunteur (le client) : seul ce dernier connaît précisément sa capacité à rembourser. Comme l'ont montré Stiglitz et Weiss [1981], un taux d'intérêt plus élevé décourage les « bons » emprunteurs (qui savent qu'ils auront à rembourser), au contraire des « mauvais » (qui feront défaut sur une partie de leur emprunt). C'est le phénomène d'antisélection, bien connu du monde de l'assurance. Les banques réagissent à cette hausse du risque en restreignant l'ensemble de leur activité de prêt. Ces restrictions touchent en premier lieu les emprunteurs qui n'ont pas accès au marché financier, les plus dépendants des banques : ménages, petites et moyennes entreprises. Les banques tendent aussi à leur demander des garanties plus élevées — actifs immobiliers ou financiers qu'elles pourront saisir en cas de défaut de paiement. Une hausse de taux d'intérêt, en dévalorisant ces avoirs, réduit la capacité de ces « petits » emprunteurs à s'endetter.

De façon similaire, une dévalorisation des actifs réduit mécaniquement la valeur des fonds propres des banques. Celles-ci réagissent en restreignant le crédit à leurs clients. L'importance de ce canal explique pourquoi, après une crise financière, comme au Japon dans les années 1990 ou au niveau mondial en 2007-2008, une intervention rapide des pouvoirs publics pour délester les banques de leurs actifs financiers douteux est une condition préalable pour rétablir l'efficacité de la politique monétaire.

Le canal du taux de change

Une hausse des taux d'intérêt de la zone euro, qui rend plus attrayants les placements en euro, entraîne en principe une appréciation de l'euro vis-à-vis des autres devises qui encourage à consommer des biens étrangers, freinant la demande adressée aux entreprises de la zone.

continentale par rapport aux financements de marché, à la différence des États-Unis (voir chapitre I, tableau 2), même si cet écart tend à se réduire. La protection des créanciers y est moindre par rapport au monde anglo-saxon et les PME y tiennent une place relativement plus importante [Suardi, 2001]. On attend donc que le canal du crédit joue un rôle plus substantiel dans la zone euro.

Enfin, le *canal du taux de change* est plus limité dans la zone euro qu'il ne l'était dans chacun des États membres à l'époque où leur taux de change pouvait fluctuer, car le taux d'ouverture est mécaniquement plus faible vis-à-vis de l'extérieur de la zone euro que vis-à-vis du reste du monde (voir introduction, graphique 2). Mais il demeure une source d'asymétrie entre États membres, certains étant plus ouverts que d'autres sur le reste du monde. Ainsi, une appréciation de l'euro par rapport au dollar et à la livre sterling pénalise davantage les exportations de l'Irlande

Tableau 1. **Mode de financement dominant des emprunts immobiliers**

Allemagne	Fixe	Grèce	Variable
Autriche	Fixe	Irlande	Variable
Belgique	Fixe	Italie	Mixte
Espagne	Variable	Pays-Bas	Fixe
Finlande	Variable	Portugal	Variable
France	Fixe		

Source : Debelle [2004].

— dont le commerce et très tourné vers les États-Unis et le Royaume-Uni — que celles de la France ou de la Belgique, dont une part très importante est à destination de la zone euro. Symétriquement, une appréciation de l'euro a un effet désinflationniste plus marqué (par baisse de prix des produits importés) en Irlande qu'en France et en Belgique.

Les effets d'offre

On a vu les trois canaux par lesquels la politique monétaire affecte la demande de biens et services. L'impact final sur l'inflation dépend alors de la réaction de l'offre (c'est-à-dire du processus de production) : une baisse donnée de la demande a un impact désinflationniste plus marqué si l'offre dépend peu du niveau des prix, en particulier si les salaires réagissent rapidement aux variations de prix (voir graphique 4).

Graphique 4. **Impact d'une baisse de la demande agrégée selon la flexibilité de l'offre à court terme**

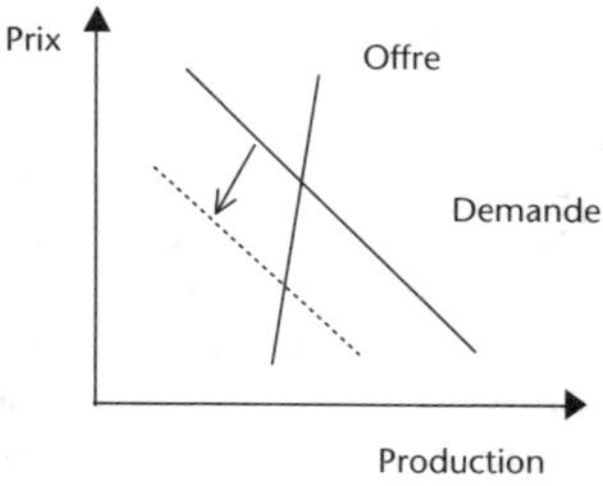

a. Offre peu flexible

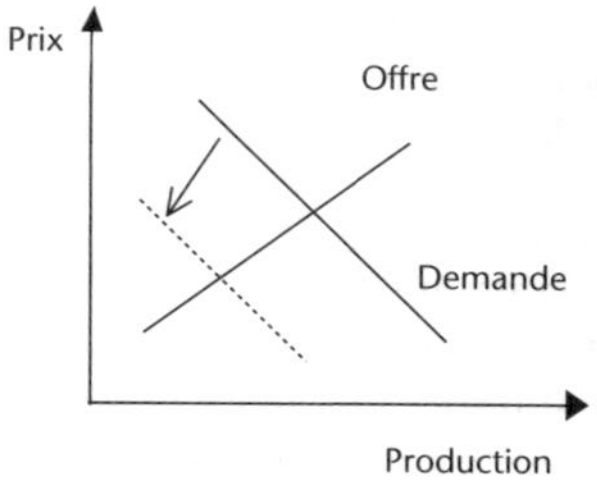

b. Offre très flexible

Les études empiriques existantes montrent que les salaires nominaux réagissent assez vite aux hausses de prix dans la zone euro [Arpaia et Pichelmann, 2007]. Il existe, il est vrai, d'importantes différences entre pays quant à l'organisation des négociations salariales : durée des contrats, clauses d'indexation, degré de centralisation des négociations. Cependant ces différences se compensent parfois au niveau macroéconomique, de sorte qu'elles ne sont probablement pas de nature à rendre réellement asymétrique l'impact de la politique monétaire unique [Cadiou, Guichard et Maurel, 1999]. Enfin, les facteurs d'offre modifient aussi la manière dont la politique monétaire est transmise par le taux de change (voir graphique 5) : dans les pays qui commercent le plus en dehors de la zone euro, une hausse de l'euro permet une modération salariale plus grande (car la baisse du prix des produits importés favorise le pouvoir d'achat) et réduit les coûts des entreprises. Cela accentue l'effet désinflationniste d'une hausse de taux d'intérêt.

Graphique 5. **Impact d'une appréciation de l'euro selon le degré d'ouverture vis-à-vis du monde hors zone euro**

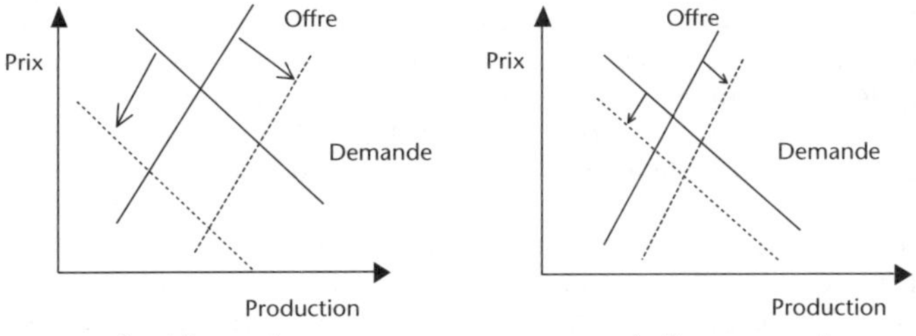

a. Pays très ouvert

b. Pays peu ouvert

Source : d'après De Grauwe [1999].

Quels que soient les canaux de transmission de la politique monétaire, les retards s'accumulent avant que celle-ci ait un effet sur l'activité : du taux directeur aux taux bancaires et/ou aux taux longs, des taux aux comportements de demande, de la demande aux prix, des taux de change aux prix. On considère souvent que le délai d'action de la politique monétaire sur le PIB est de dix-huit mois environ. D'après le modèle de la BCE

(*Bulletin mensuel de la BCE*, juillet 2000), une hausse temporaire du taux d'intérêt à court terme fait ainsi baisser la production après six mois, et les prix après dix-huit mois seulement. D'où l'importance d'anticiper les évolutions conjoncturelles et de gérer la politique monétaire de manière prospective.

La stratégie de la BCE

Le choix d'une stratégie éclectique

On a vu que la BCE s'est donné pour objectif de contenir à moyen terme la hausse des prix annuelle à un niveau proche de 2 %. La stratégie adoptée à cette fin repose sur deux « piliers » : le suivi de l'agrégat monétaire le plus large, celui que les statisticiens nomment M3, et la prise en compte d'un ensemble plus vaste de grandeurs susceptibles d'influencer les prix.

Le « premier pilier » de la stratégie monétaire est le taux de croissance de M3. M3 comprend les billets et pièces en circulation, les dépôts bancaires à vue, les dépôts à terme, les dépôts en devises étrangères dans des banques de la zone euro ainsi que les titres du marché monétaire. En bref, il mesure les moyens de paiement et tous leurs proches substituts — actifs convertibles rapidement et sans risque en liquide. L'idée, développée dans l'encadré ci-dessous, est de calculer le taux de croissance de M3 compatible avec la hausse de prix désirée par la banque centrale, en fonction de prévisions de progression de l'activité réelle et de la vitesse de circulation de la monnaie. La BCE a initialement fixé ce taux de croissance de M3 à 4,5 % par an et considère qu'un écart à la hausse (respectivement à la baisse) par rapport à cet objectif est révélateur de tensions inflationnistes (respectivement déflationnistes). Au fil du temps, néanmoins, l'importance du premier pilier, hérité de la stratégie monétaire de la Bundesbank, a décru au profit du second (voir plus bas).

Le « second pilier » de la stratégie monétaire rassemble des indicateurs susceptibles de signaler les inflexions à venir de l'inflation [BCE, 2001, p. 52] : prix et coûts (indice harmonisé des prix à la consommation décomposé par produits, indice des prix à la production, coût du travail), tensions sur les capacités de production (indicateurs avancés de la demande, comme les

Le premier pilier de la stratégie monétaire

Notons M l'agrégat monétaire M3, P le niveau général des prix dans la zone euro, Y la production en volume et V la vitesse de circulation de la monnaie (définie ici comme le nombre d'utilisations de la masse monétaire pour réaliser les transactions). La définition de V implique :

$$MV = PY$$

La théorie quantitative de la monnaie suppose que la vitesse de circulation V évolue de manière prévisible et indépendante des autres variables, de sorte que cette équation comptable peut s'interpréter comme une relation d'équilibre entre l'offre de monnaie M et une demande de monnaie PY/V qui est une fonction stable du PIB en valeur :

$$M = PY/V.$$

On en déduit :

$$\frac{\Delta M}{M} = \frac{\Delta P}{P} + \frac{\Delta Y}{Y} - \frac{\Delta V}{V}.$$

Cette relation indique le taux de croissance de la masse monétaire compatible à la fois avec les prévisions concernant l'évolution de Y et de V et l'objectif de hausse de prix. La BCE considère que le taux de croissance à moyen terme des capacités de production de la zone euro se situe entre 2 et 2,5 % par an et que la vitesse de circulation de la monnaie décline au rythme de 0,5 à 1 % par an. Avec un objectif d'inflation de 1 à 2 % par an, la règle ci-dessus indique que l'agrégat monétaire le plus large M3 (qui inclut, outre les moyens de paiement, les placements à court terme dans le secteur bancaire) doit croître d'un montant compris entre 3,5 et 5,5 % par an. Le chiffre de 4,5 % a été retenu par la BCE en décembre 1998 et confirmé après 1999 [BCE, 2001, p. 50].

permis de construire ou les carnets de commandes, enquêtes auprès des consommateurs, emploi, vacances de postes, taux d'utilisation des capacités de production), balance des paiements (exportations, importations, taux de change, prix du pétrole), indicateurs financiers (taux d'intérêt à long terme, prix des obligations, prix des produits dérivés). À partir de ces différents indicateurs, les services de la BCE réalisent des projections d'inflation. Ces projections font partie du tableau de bord du Conseil des gouverneurs à côté d'autres indicateurs quantitatifs de demande et de coût collectés par la BCE et des informations apportées par les gouverneurs nationaux.

Les limites de l'approche éclectique

Le premier pilier de la stratégie monétaire est une application directe de la théorie quantitative de la monnaie. Elle est fondée sur une relation supposée stable entre l'activité, le niveau des prix et la demande de monnaie. Que penser de cette relation ? Au sein de la zone euro, les aléas de la demande de monnaie dans les différents pays membres tendent à se compenser, ce qui facilite la prévision de la demande de monnaie agrégée de la zone [Funke, 2001]. Comme la politique monétaire agit de manière plus directe et immédiate sur la masse monétaire que sur les prix, la poursuite d'un objectif intermédiaire de croissance de la masse monétaire doit permettre, en principe, de contrôler l'évolution des prix [von Hagen et Brückner, 2001].

Cependant, la BCE n'a pas pu ou pas voulu contrôler le taux de croissance de M3 (voir graphique 6), alors même qu'elle a atteint sans difficulté son objectif en matière d'inflation.

C'est pourquoi elle a, d'elle-même, privilégié progressivement les indications apportées par le second pilier de sa stratégie, tout en surveillant de près non plus l'évolution globale de M3, mais celle de chacune de ses contreparties, notamment les crédits aux ménages et aux entreprises.

Graphique 6. **Glissement annuel de M3**
(en %)

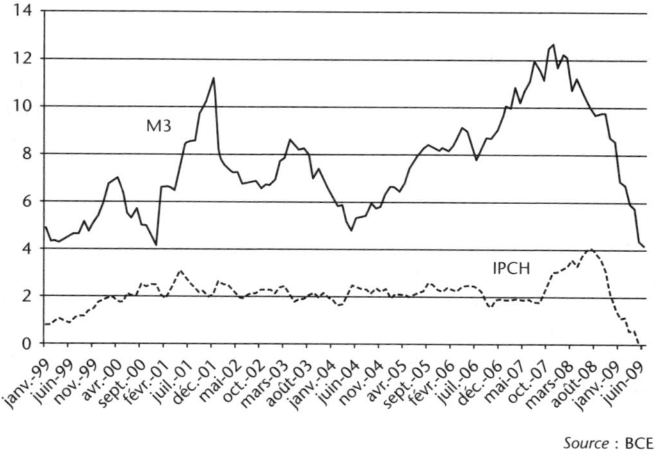

Source : BCE.

Il reste que cette formulation en deux piliers brouille la communication de la BCE, notamment lorsque les deux piliers conduisent à des prescriptions différentes, et l'amène à devoir justifier des écarts persistants avec ses objectifs. En outre, le second pilier demeure touffu et peu transparent, même si on le restreint aux informations liées directement aux prix : évolution passée et prévue des prix à la consommation, taux de change, prix des matières premières importées. Une solution alternative, préconisée très tôt par plusieurs auteurs [Penot et Pollin, 1999], serait de recentrer la stratégie sur la seule inflation, la masse monétaire étant intégrée au second pilier. Ce ciblage explicite de l'inflation est pratiqué dans de nombreux pays, comme l'Australie, le Canada, le Royaume-Uni ou la Suède. Après tout, l'importance croissante du second pilier sur le premier ne s'apparente-t-elle pas déjà à une cible implicite d'inflation ?

Un bilan provisoire

De nombreuses tentatives ont été faites pour identifier la règle implicite suivie par la BCE. L'idée remonte à l'économiste américain John Taylor qui montra en 1993 que la politique de la Fed pouvait être décrite en première approximation par la règle simple suivante :

$$i = 2\ \% + \pi + 0{,}5\ (\pi - 2\ \%) + 0{,}5\ (y - y^*)$$

où i désigne le taux d'intérêt à trois mois, π le taux d'inflation, $y - y^*$ l'écart en pourcentage entre la production et son niveau potentiel (voir chapitre IV). La règle de Taylor indique que la Fed pilote ses taux directeurs de manière à ce que le taux d'intérêt réel (taux d'intérêt nominal moins taux d'inflation) augmente d'un demi-point lorsque l'inflation ou l'écart de production augmente d'un point, le taux d'intérêt réel moyen devant être égal au taux de croissance réel de long terme, conformément à la règle d'or de l'accumulation [Bénassy-Quéré, Boone et Coudert, 2003], soit environ 2 % par an, selon John Taylor. La simplicité de cette règle en a fait un outil courant pour évaluer la conduite de la politique monétaire, aux États-Unis et ailleurs. Bien sûr, le comportement d'une banque centrale a toutes les chances d'échapper à cette relation mécanique. Néanmoins la règle de Taylor offre une référence utile pour essayer de comprendre les choix de la banque centrale en matière de taux d'intérêt.

On l'a vu, la BCE ne peut mettre sur le même plan l'inflation et l'écart de production, en raison du caractère hiérarchique de ses objectifs : si elle réagit à l'écart de production, c'est parce que ce dernier transmet de l'information sur les tensions inflationnistes futures, comme d'autres indicateurs du second pilier. On s'attend donc à ce qu'elle réagisse principalement à l'inflation, le soutien à l'activité n'étant possible que lorsqu'un bas niveau d'inflation est assuré.

Le graphique 7 compare l'évolution du taux d'intérêt à trois mois avec une règle de Taylor calculée de deux manières différentes : en fonction de l'inflation totale ou en fonction de l'inflation sous-jacente excluant les prix des produits frais et de l'énergie. Il apparaît tout d'abord que la BCE s'est montrée en pratique plutôt accommodante, contenant le taux d'intérêt à court terme en deçà de ce qu'auraient exigé les rythmes constatés d'inflation. La période 2005-2008 éclaire particulièrement les choix opérés par la BCE. Les indications fournies par les deux règles de Taylor divergent en effet : les prix de l'énergie connaissent une forte hausse sans que cela crée d'effet de second tour sur les prix à la consommation et sur les salaires. La BCE est alors face à un dilemme : l'inflation sous-jacente va-t-elle s'ajuster à la hausse, ou l'inflation constatée s'ajuster à la baisse ? En attendant la fin 2005 pour relever son taux directeur, la BCE a révélé qu'elle ne réagissait pas à l'inflation constatée, mais aux risques d'effets de second tour.

À la fin de l'année 2008 et au début de l'année 2009, la récession européenne, accompagnée d'une baisse de l'indice des prix harmonisés à la consommation, aurait nécessité, en suivant la règle de Taylor, un taux d'intérêt négatif en zone euro. Après avoir abaissé les taux directeurs à un niveau très proche de zéro, la BCE s'est tournée vers une politique quantitative consistant à fournir au marché le plus possible de liquidité. Toutefois, elle est allée moins loin dans cette direction que la Fed et que la Banque d'Angleterre, en se refusant (sauf dans le cas particulier des achats de *covered bonds* — obligations sécurisées émises par des banques) à acquérir directement sur le marché des obligations publiques et privées pour s'en tenir à un élargissement de ses programmes de prise en pension des actifs apportés par les banques.

Graphique 7. **Taux d'intérêt et règle de Taylor**

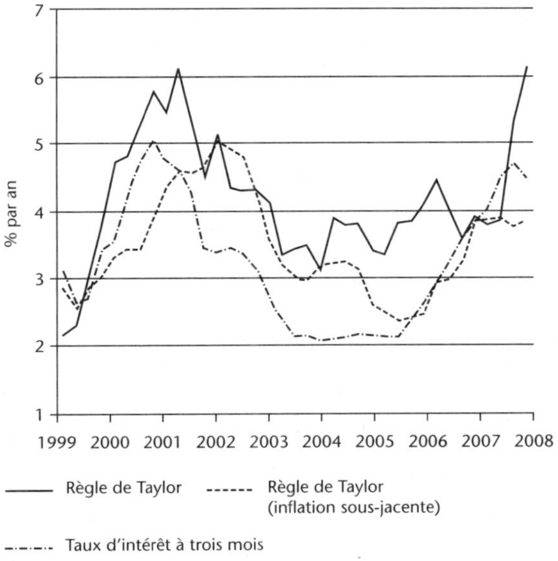

Note : hypothèse d'un taux d'intérêt réel « neutre » à 2 %.

Source : calculs des auteurs à partir des *Perspectives économiques* de l'OCDE, n° 83, juin 2008, glissement annuel.

L'augmentation très impressionnante du bilan de la BCE (comme des autres banques centrales) durant cette période a suscité des inquiétudes sur la capacité (et la volonté) de la BCE de lutter contre un dérapage des prix, une fois la crise passée : l'inflation n'était-elle pas *in fine* un phénomène monétaire ? Toutefois, il est très important de noter que le gonflement du bilan de la BCE ne faisait que compenser une réduction de la création monétaire par les banques, de sorte que l'agrégat M3 a fortement décéléré durant la crise (voir graphique 6) et que les prises en pension ont une durée limitée, permettant un dégonflement automatique et progressif du bilan de la BCE après la crise.

Au total, au sortir de la crise de 2007-2008, les risques à moyen terme en matière de stabilité monétaire étaient, paradoxalement, moins à chercher du côté de la politique monétaire que de celui des politiques budgétaires — durablement handicapées par une hausse d'environ 20 % du PIB de la dette publique agrégée de la zone.

Conclusion : de la théorie à la pratique

Quelle appréciation porter sur les décisions de la BCE durant les dix premières années d'existence de l'euro ? La banque centrale a finalement été plus flexible que beaucoup le craignaient au départ. Ses décisions ont permis, progressivement, d'affiner une stratégie au départ peu transparente : la BCE se concentre en pratique sur les indicateurs de son « second pilier » : coûts, salaires et crédits à l'économie, et elle sait prendre de la distance par rapport à l'inflation de court terme sans se laisser abuser par des chocs temporaires qui n'affectent pas la dynamique sous-jacente des prix et des salaires. La meilleure preuve de la crédibilité de la BCE est fournie par le graphique 8 : les anticipations d'inflation, recueillies régulièrement auprès d'un panel de prévisionnistes professionnels correspondent en moyenne à l'objectif que s'est fixé la banque centrale.

La crise de 2007-2008 pourrait avoir des conséquences durables sur la définition et la mise en œuvre de la politique monétaire de la BCE, comme de celle des autres grandes banques centrales. D'une part, la banque centrale devra décider de l'utilisation « en temps normal » des instruments introduits pendant la crise : appels d'offres à taux fixe à un horizon éloigné, élargissement de la gamme des collatéraux, achat direct d'obligations sécurisées. D'autre part, il sera difficile au président de la BCE, qui préside le Conseil européen du risque systémique, de ne pas intégrer de manière plus systématique les évolutions du crédit et des prix des actifs financiers dans l'analyse des facteurs possibles d'inflation et de déflation. Concilier son objectif de stabilité des prix et sa responsabilité nouvelle en matière de stabilité financière sera un enjeu central pour la BCE dans le monde de l'après-crise.

Graphique 8. **Anticipations d'inflation dans la zone euro**

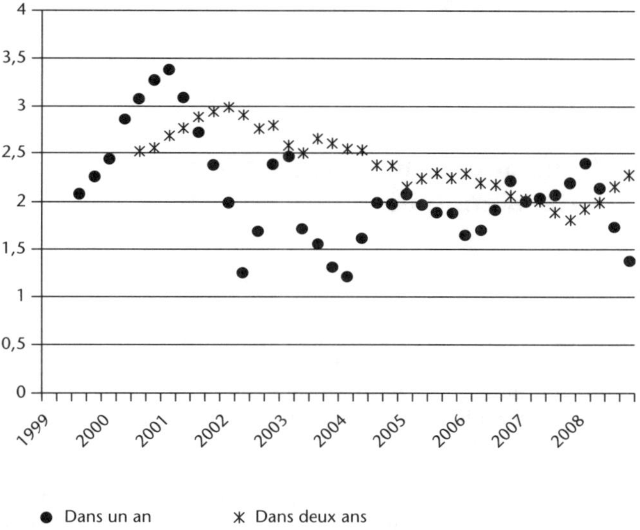

Source : enquête de la BCE auprès des prévisionnistes professionnels.

IV / Les gouvernements, « copilotes » de la zone euro

La politique budgétaire demeure du ressort des gouvernements et des parlements des États membres. Pour la période 2007-2013, le budget communautaire représente 1,045 % du revenu national de l'Union européenne, alors que les budgets publics pèsent plus de 40 % du PIB en moyenne. Peut-on en conclure que l'euro n'a rien changé à la politique budgétaire ? Nous allons voir que non. Ce chapitre ne décrit pas le processus de décision budgétaire national, qui reste inchangé avec l'euro, mais l'état de la réflexion sur le rôle des politiques budgétaires dans l'union monétaire et la nécessité d'une coordination entre États. Pour commencer, un retour est nécessaire sur le rôle traditionnellement attribué à la politique budgétaire et sur l'évolution du déficit public au cours du cycle économique.

Le rôle des politiques budgétaires dans la zone euro

La politique budgétaire face au cycle économique

Le rôle de la politique macroéconomique est de stabiliser la demande adressée aux produits nationaux quand celle-ci s'écarte trop, à la hausse ou à la baisse, des capacités de production des entreprises. Cette stabilisation n'a de sens qu'à court terme : une politique prolongée de stimulation de la demande ne se traduirait à terme que par une inflation accrue. Pour élever durablement le niveau d'activité, seules sont efficaces les *politiques d'offre* : investissement, éducation et formation, mesures d'incitation au retour sur le marché du travail, etc. Cette conception s'est généralisée dans les pays développés depuis la Seconde Guerre mondiale, même si le degré d'« activisme » de la politique budgétaire et de la politique monétaire a varié selon les époques.

Quelle est la conséquence pratique de cette doctrine pour les déficits publics ? On admet généralement que l'activité économique est cyclique, c'est-à-dire qu'elle connaît une succession de phases d'expansion et de ralentissement. L'activité s'écarte ainsi successivement à la hausse ou à la baisse de son niveau potentiel (on parle d'un « écart d'activité » ou « écart de production », en anglais *output gap*, positif ou négatif). L'impact de ces fluctuations cycliques sur les déficits publics est double. Le premier impact est mécanique : en période de forte croissance, les recettes fiscales augmentent et les dépenses diminuent (quoique dans une moindre proportion, les seules dépenses sensibles à la situation conjoncturelle étant les dépenses sociales comme les allocations chômage). Le déficit se réduit donc en haut de cycle économique et se creuse en bas de cycle. En retour, cette évolution exerce un effet stabilisant sur l'activité, même en l'absence de politique budgétaire active : ainsi, en phase haute, la progression des recettes fiscales et la baisse des prestations sociales ralentissent le revenu disponible des ménages et des entreprises, donc la demande de biens et de services. On parle de *stabilisateurs automatiques*. En dehors de cet effet mécanique, l'utilisation active de la politique budgétaire pour stabiliser l'activité peut accentuer l'évolution cyclique du déficit (par exemple, une baisse des impôts soutient la consommation en période de ralentissement) : on parle alors de politiques *contracycliques*.

Un « consensus de Bruxelles » ?

La politique monétaire et la politique budgétaire ont un impact sur la demande : la première en modifiant les conditions d'emprunt (voir chapitre III), la seconde directement (par la demande publique de biens et services) et à travers le revenu disponible des ménages (impôts et transferts). Il est préférable que leurs rôles respectifs soient clairement assignés, ne serait-ce que pour éviter des discussions trop longues entre gouvernement et banque centrale avant chaque décision. Dans le cas de la zone euro, la question est compliquée par la coexistence de multiples politiques budgétaires nationales alors que la politique monétaire est unique.

Face à cette situation, la doctrine de la Commission européenne et du Conseil Ecofin peut être comprise de la manière suivante. La politique monétaire unique peut réagir aux événements qui ont un impact significatif sur la zone euro prise dans son ensemble (on parle de *chocs symétriques*), mais à condition que ceci ne compromette pas l'objectif de stabilité des prix (on se souvient de la discussion du chapitre III sur les chocs de demande et les chocs d'offre). Citons en exemple un ralentissement de l'économie mondiale ou une hausse de l'euro qui justifient une baisse des taux de la BCE. La politique budgétaire, qui reste décidée au niveau de chaque État membre, réagit quant à elle aux événements touchant spécifiquement cet État (on parle de *chocs asymétriques*). Pensons à des chocs sectoriels (la crise de la téléphonie mobile en Finlande) ou à certains événements extra-économiques (tempêtes, sécheresses). Seule la politique budgétaire peut compenser les chocs asymétriques ; la BCE, qui ne suit que les évolutions de l'ensemble de la zone euro, n'a aucune raison de réagir. La politique budgétaire nationale est alors *plus efficace* qu'avant l'union monétaire, car elle n'affecte pas significativement les taux d'intérêt, lesquels sont déterminés au niveau de l'ensemble de la zone : l'*effet d'éviction* par le taux d'intérêt est fortement atténué.

Cette répartition des rôles entre politique monétaire unique et politiques budgétaires nationales, que l'on pourrait appeler le « consensus de Bruxelles », par référence au « consensus de Washington » qui prévalait dans les années 1980 et 1990 à Washington entre le Fonds monétaire international, la Banque mondiale et le Trésor américain, soulève un certain nombre de questions. Nous en évoquerons quatre.

Premièrement, *un événement ne touche jamais les pays membres exactement de la même manière*. Par exemple, la crise asiatique de 1997 a davantage touché les économies allemande et italienne que l'économie française, en raison d'échanges plus intenses avec ces pays et d'une spécialisation industrielle plus marquée qui les mettait davantage en concurrence avec les producteurs asiatiques. Il est donc difficile en pratique de distinguer chocs symétriques et asymétriques, d'autant que cette distinction devrait être faite le plus tôt possible pour que la réaction soit efficace.

Deuxièmement, *même en présence d'un choc parfaitement symétrique, le recours à la politique budgétaire peut se justifier,* parce que la politique monétaire agit avec délai sur l'activité et qu'elle peut devenir impuissante lorsque les taux d'intérêt sont proches de zéro et que l'activité continue de faiblir, comme ce fut le cas en zone euro lors de la crise de 2008-2009. La politique budgétaire est plus longue à mettre en œuvre (elle nécessite un vote du Parlement alors qu'une baisse des taux d'intérêt est décidée par une simple réunion, voire une conférence téléphonique du Conseil des gouverneurs), mais son impact sur la demande agrégée est plus direct et plus rapide. Symétriquement, certains, comme Creel et Sterdyniak [1998], jugent qu'une politique budgétaire coordonnée serait plus efficace que la politique monétaire pour lutter contre l'inflation en zone euro, car une hausse des taux d'intérêt renchérit les coûts des entreprises.

Troisièmement, comme on l'a vu au chapitre II, *la BCE ne peut stabiliser l'activité que dans la mesure où cet objectif coïncide avec la stabilité des prix.* Une hausse du prix du pétrole, comme celles de 2000-2001 ou 2007-2008, affecte négativement la consommation sans que la BCE puisse réagir, de peur d'alimenter les tensions inflationnistes. Si le choc est jugé transitoire, une politique de stabilisation budgétaire peut alors se justifier, sous la forme, par exemple, d'allègements de charges pour les entreprises.

Enfin, *la mise en œuvre du « consensus de Bruxelles » est compliquée par la multiplicité des acteurs* et par l'interdépendance entre politique monétaire et politique budgétaire.

Le policy mix *de la zone euro*

Dans tout pays, il existe une interdépendance forte entre la politique budgétaire et la politique monétaire. Une politique budgétaire expansive stimule la demande. Quand celle-ci excède la production, des tensions apparaissent sur les prix et amènent la banque centrale à relever son taux d'intérêt. L'augmentation de la dette publique pousse également à la hausse les taux d'intérêt. En effet, les marchés financiers peuvent craindre que la banque centrale ne soit obligée de racheter la dette publique ou de laisser filer l'inflation pour éviter un défaut de paiement de l'État (dans les deux cas, on parle de *monétisation* de la dette publique : soit la banque centrale rachète directement la dette, soit elle crée des liquidités nouvelles qui, en alimentant l'inflation, contribuent à la dévaloriser). Réciproquement, une politique monétaire restrictive accroît la charge de la dette, donc le déficit budgétaire (cette dynamique a été à l'œuvre en Europe au début des années 1990). Un cercle vicieux peut alors s'enclencher entre déficit public et taux d'intérêt (voir graphique 1). La *Reaganomics* du début des années 1980 aux États-Unis en est une illustration, la baisse des impôts et la hausse des dépenses militaires ayant été relayées par une hausse du taux d'intérêt américain, concourant à son tour à aggraver le déficit.

Graphique 1. **L'interdépendance entre la politique budgétaire et la politique monétaire**

Qu'en est-il dans la zone euro ? L'indépendance de la BCE et l'interdiction qui lui est faite par le Traité de monétiser les dettes publiques limitent l'impact de l'endettement d'un ou plusieurs États membres sur les taux d'intérêt de l'ensemble de la zone. Lors de la crise de 2008-2009, les marchés ont réagi de manière différenciée à l'endettement des différents pays de la zone euro, montrant par là qu'ils craignaient davantage un défaut souverain qu'une monétisation (voir graphique 2). Le cas extrême du défaut d'un pays sur le remboursement de sa dette aurait cependant des conséquences en chaîne dans l'ensemble de la zone. Les banques de la zone qui détiennent ces titres de dette seraient obligées de provisionner les pertes et de restreindre leur politique de crédit. Ainsi, le défaut d'un pays pourrait précipiter l'ensemble de la zone dans une crise du crédit, de la même manière qu'après la faillite de la banque américaine Lehman Brothers en septembre 2008. À l'inverse, les efforts d'assainissement des finances publiques peuvent être rendus plus difficiles par une politique monétaire très stricte.

Graphique 2. **Taux des emprunts d'État à dix ans, 2007-2009**

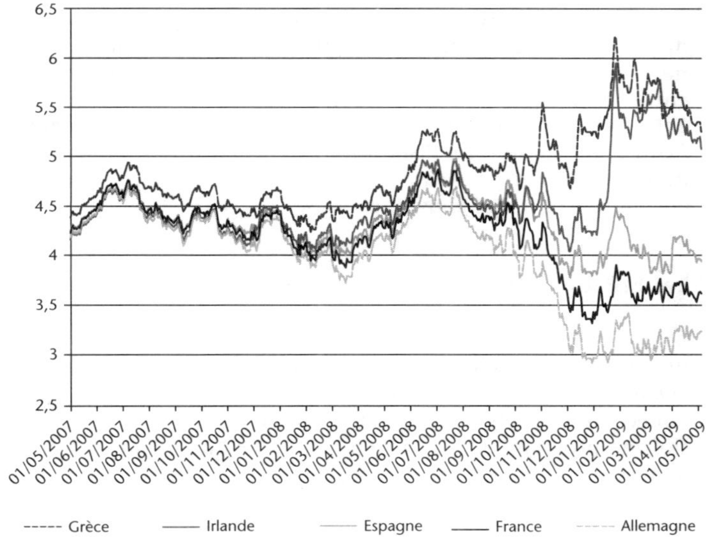

Source : Datastream.

Les interactions entre politiques budgétaires nationales et politique monétaire unique, et la possible complémentarité des deux instruments plaident pour une coordination des politiques budgétaires des États membres et pour une définition simultanée de la bonne combinaison de politique budgétaire et de politique monétaire, ce qu'on appelle un *policy mix*. Certains voudraient même définir à l'avance des règles de comportement des politiques budgétaire et monétaire en fonction du type de choc subi par la zone euro. Jacquet et Pisani-Ferry [2000] ont ainsi proposé un « code de conduite » pour les politiques économiques dans la zone euro. Mais on trouve aussi des avis très différents. Alesina *et al.* [2001] estiment ainsi que la banque centrale ne saurait engager un dialogue avec les autorités budgétaires sans mettre en danger son indépendance, que la coordination entre États est trop difficile à mettre en œuvre et peut même les dissuader de mettre leurs finances publiques en ordre, et qu'il suffit finalement que chacun « balaie devant sa porte » pour assurer un environnement macroéconomique optimal. Le dispositif retenu en pratique, défini en 1990-1991 lors de la négociation du traité de Maastricht, résulte d'un compromis entre ces visions polaires. La coordination est plutôt découragée entre les gouvernements et la banque centrale (voir notamment au chapitre II les dispositions qui garantissent l'indépendance des membres du Conseil des gouverneurs) mais encouragée entre les gouvernements.

Les instruments de la coordination

Le Traité prévoit une coordination des politiques économiques, en particulier des politiques budgétaires, au travers des *grandes orientations des politiques économiques*, approuvées chaque année par les chefs d'État et de gouvernement, et par la discussion de programmes de moyen terme des finances publiques rédigés par chaque État membre, appelés *programmes de stabilité* ou *programmes de convergence*. Des dispositions ont aussi été prévues pour limiter les déficits publics des États membres, précisées au Conseil européen d'Amsterdam en 1997 sous le nom de « Pacte de stabilité et de croissance » et réformées en 2005. Ce dispositif concerne tous les membres de l'UE mais prend une importance particulière au sein de la zone euro. Enfin, les ministres des Finances de la zone euro se concertent de manière plus informelle lors des réunions périodiques de ce qu'on appelle l'*Eurogroupe*.

Les grandes orientations des politiques économiques

Les GOPE prennent la forme d'un texte proposé par la Commission, puis discuté et adopté chaque année au mois de juin par les chefs d'État et de gouvernement, après discussion entre la Commission et les ministres des Finances. Elles comportent des orientations au niveau de l'Union et de la zone euro, qui sont ensuite déclinées pays par pays. Les GOPE n'ont pas une vocation strictement budgétaire : elles réalisent en principe la synthèse, au plus haut niveau politique, des différents enjeux de politique économique et couvrent donc aussi bien la politique monétaire que la politique budgétaire, les négociations salariales, les réformes structurelles ou, après 2001, les politiques de développement durable. La Commission (et plus particulièrement sa direction générale économique et financière) joue un rôle central pour préparer les discussions. Elle peut d'ailleurs saisir le Conseil lorsqu'elle estime qu'un État membre ne respecte pas les GOPE. Le Conseil, statuant à la majorité qualifiée, peut alors adresser des recommandations à l'égard de l'État concerné. C'est ainsi que l'Irlande se vit officiellement recommander une politique plus restrictive en 2001 car la Commission européenne et les partenaires des autres États membres estimaient que l'économie irlandaise était en situation de surchauffe. En 2000, l'inflation avait en effet atteint 5,3 % en Irlande, contre 2,1 % pour la zone euro dans son ensemble. Mais l'Irlande avait adopté en décembre 2000 un budget qui prévoyait des baisses d'impôt sur le revenu et la quasi-disparition de l'excédent budgétaire, éléments de nature à stimuler encore plus la demande, donc les prix. Cet épisode suscita alors un débat très vif. Pour la Commission et la plupart des autres États membres, il fallait respecter une discipline collective et la fermeté de l'Eurogroupe vis-à-vis de l'Irlande était un test de la volonté de gérer la politique économique en commun. D'autres, comme Patrick Artus [2001], firent remarquer que le tort causé aux autres États membres était minime compte tenu de la taille du pays (moins d'un soixante dixième de la zone euro). D'un point de vue plus politique, cette recommandation ne rendait pas service au gouvernement de Dublin qui préparait le référendum de ratification du traité de Nice (dont le résultat fut d'ailleurs le « non »). Le point de vue de la Commission prévalut mais le Conseil s'abstint désormais de formuler aucune recommandation à un État membre dans le cadre des GOPE. Pourtant, l'accumulation de déséquilibres dans certains pays, en particulier en Espagne, en Irlande ou, hors de la zone euro, en Lettonie, aurait justifié que la Commission alerte plus solennellement les gouvernements : en dépit d'un solde budgétaire excédentaire, l'Espagne souffrait d'une insuffisance d'épargne en raison des excès du secteur privé. De tels excès auraient pu être corrigés à l'aide d'une politique budgétaire plus restrictive et de politiques ciblées, comme une réglementation plus stricte sur les prêts hypothécaires. La crise de 2008-2009 aurait alors été moins douloureuse pour ces pays et pour leurs partenaires commerciaux. De même, il n'aurait sans doute pas été nécessaire de secourir la Lettonie si ce pays avait été plus sérieusement rappelé à l'ordre pour son déficit extérieur très important.

L'Eurogroupe

Le lieu traditionnel de discussion des ministres des Finances européens, le conseil ECOFIN, est vite apparu inadapté pour gérer au quotidien les affaires de la zone euro. D'une part, certaines questions, comme la gestion du taux de change de l'euro ou la préparation de la distribution des pièces et des billets en euro, ne justifiaient pas la présence des ministres britannique, suédois ou danois. D'autre part, le conseil ECOFIN assume dans l'ordre juridique européen des fonctions législatives, comme l'adoption de directives ou de règlements européens, qui rendent les discussions formelles et l'enceinte peu flexible (pour une présentation du Conseil de l'UE et de ses liens avec les autres institutions européennes, voir Hen et Léonard [2004]). Depuis 1998, les ministres des Finances de la zone euro se réunissent chaque mois en présence du commissaire chargé des questions économiques et du président de la BCE dans le cadre de l'Eurogroupe. Ces réunions, qui ont lieu en général la veille du conseil ECOFIN, traitent principalement de questions conjoncturelles (sur la base d'une présentation faite par la Commission et la BCE) et budgétaires.

Le président de l'Eurogroupe était initialement le ministre des Finances du pays assurant pour six mois la présidence de l'Union (ou, si ce pays ne faisait pas partie de la zone euro, du pays assurant la présidence juste après). En 2004, le Conseil ECOFIN a décidé d'appliquer sans tarder une disposition du projet de traité constitutionnel alors en discussion, le futur traité de Lisbonne, prévoyant une présidence plus stable. C'est ainsi que, depuis janvier 2005, le président de l'Eurogroupe est nommé pour un mandat renouvelable de deux ans (deux ans et demi depuis l'entrée en vigueur du traité de Lisbonne en 2009), initialement confié au ministre des Finances et Premier ministre du Luxembourg, Jean-Claude Juncker.

Outre sa fonction de surveillance de l'économie de la zone euro, l'Eurogroupe joue un rôle central en cas de crise. Ainsi, il s'est réuni au niveau des chefs d'État et de gouvernement de la zone euro en novembre 2008 pour adopter un plan de sauvetage des banques de la zone.

Le traité de Lisbonne consacre l'existence juridique de l'Eurogroupe (protocole n° 3 annexé au Traité) et permet aux États membres de la zone euro de renforcer la coordination et la surveillance de leurs politiques budgétaires, et d'élaborer des orientations de politique économique propres à la zone (art. 114.1). L'expérience dira s'il s'agit d'une simple reconnaissance des pratiques existantes ou du point de départ d'une coordination renforcée au sein de la zone.

Le Pacte de stabilité : garde-fou ou carcan ?

Le Pacte de stabilité et de croissance stipule que le budget des administrations publiques doit être équilibré ou excédentaire dans chaque État membre en moyenne sur longue période. À court terme, le budget peut être déficitaire mais ce déficit ne doit pas dépasser 3 % du PIB sous peine d'amende, sauf en cas de « circonstance exceptionnelle et temporaire ». L'idée n'est pas de renoncer à utiliser la politique budgétaire comme instrument de stabilisation en cas de ralentissement économique, mais plutôt de retrouver des marges de manœuvre à cet effet en ramenant les déficits publics vers zéro (voir encadré).

Le Pacte de stabilité et de croissance contraint-il de manière excessive les politiques budgétaires ? Historiquement, on constate qu'une baisse d'un point du PIB en volume relativement à son sentier de croissance prévu dégrade le solde budgétaire d'environ un demi-point de PIB en moyenne dans la zone euro [Buti et Sapir, 1998, p. 132]. En retour, le jeu des stabilisateurs automatiques permet de ramener la baisse de l'activité de 1 % *a priori* à 0,75 % *a posteriori*. L'effet des stabilisateurs automatiques est plus important dans la zone euro qu'aux États-Unis parce que le poids des dépenses et des recettes publiques dans le PIB y est en moyenne plus élevé. Il est cependant différent selon les pays et peut faire intervenir certains délais. En France, par exemple, un ralentissement de l'activité affecte immédiatement les rentrées de TVA mais ne touche l'impôt sur le revenu et l'impôt sur les sociétés qu'avec un délai d'un an.

Le Pacte de stabilité et de croissance

L'objectif du Pacte de stabilité et de croissance est de limiter le déficit budgétaire agrégé de la zone euro et de prévenir des dérapages budgétaires préjudiciables aux autres États membres, tout en permettant de faire face aux fluctuations cycliques de l'activité. Le Pacte comprend deux volets.

Chaque État membre définit un programme de stabilité (quand il est dans la zone euro) ou un programme de convergence (quand il n'est pas dans la zone euro) — stratégie pluriannuelle d'ajustement des finances publiques vers un niveau « proche de l'équilibre ou en excédent ». Ce programme, qui couvre un horizon de quatre ans environ, est réévalué chaque année et soumis à l'approbation du Conseil des ministres des Finances, après avoir donné lieu à un avis public de la Commission.

Sauf « circonstance exceptionnelle et temporaire », le déficit public d'un État membre ne doit jamais dépasser 3 % du PIB. Le Pacte définissait initialement une « circonstance exceptionnelle et temporaire » comme une année durant laquelle le PIB baisse d'au moins 2 %, avec une marge d'appréciation possible pour les ministres si la baisse est comprise entre 0,75 % et 2 % sur l'année. En deçà de 0,75 %, en revanche, un pays ne pouvait se prévaloir de circonstances exceptionnelles. En cas de déficit jugé excessif par le Conseil, une procédure se met en place qui peut aboutir à des sanctions : dépôt non rémunéré auprès de l'Eurosystème, ou même amende à verser aux pays partenaires. Ces sanctions sont décidées par les ministres des Finances de la zone euro votant à la majorité qualifiée (c'est-à-dire avec les poids usuellement appliqués aux États membres dans les décisions européennes). En cas de dépassement, le montant de la sanction est de 0,2 % du PIB plus 0,1 point de PIB par point de déficit en trop, dans la limite de 0,5 % du PIB. Pour un déficit de 5 % du PIB, par exemple, la sanction est de 0,2 + 0,1 × (5 – 3) % du PIB. Pour un déficit de 8 % du PIB, la sanction devrait être de 0,7 % du PIB, mais elle est plafonnée à 0,5 % du PIB. Cette sanction prend la forme d'un dépôt non rémunéré

Les ordres de grandeur mentionnés plus haut laissent penser qu'un pays initialement à l'équilibre budgétaire peut faire face à une baisse *ex ante* (c'est-à-dire avant prise en compte des effets de retour sur le PIB) de six points de croissance (de + 3 % à – 3 %, par exemple) avant de toucher le seuil de 3 % de déficit. Son solde budgétaire se dégraderait en effet de trois points de PIB (de zéro à – 3 %) sous l'effet des stabilisateurs automatiques. Mais, grâce à cela, le taux de croissance ne chuterait « plus que » de 4,5 % (0,75 × 6 %), ramenant l'évolution du PIB à – 1,5 % au lieu de – 3 %.

Mais ce raisonnement ne vaut qu'à partir d'une situation budgétaire équilibrée, en « régime de croisière » de l'union monétaire. Si le déficit budgétaire est déjà proche de 3 %, auprès de la banque centrale. Si le déficit persiste l'année suivante, un nouveau dépôt doit être effectué, et le dépôt peut être transformé en pénalité irrécouvrable au bout de deux ans.

Le plafond de 3 %, qui concerne l'ensemble des administrations publiques (État + Sécurité sociale + collectivités locales), s'inscrit dans la lignée des critères de convergence du traité de Maastricht. Ce chiffre de 3 % assure la stabilité de la dette publique à 60 % du PIB si le PIB augmente de 5 % par an en euros courants, ce qui correspond à la somme d'une inflation de 2 % par an (objectif de la BCE) et d'une croissance réelle de 3 %. En notant B_t la dette publique à la fin de l'année t, D_t le déficit public de l'année t et PIB_t le PIB nominal de l'année t, et en remarquant que l'accumulation de la dette est décrite par $B_t = B_{t-1} + D_t$, on a en effet :

$$\frac{B_t}{PIB_t} = \frac{B_{t-1}}{PIB_{t-1}} \times \frac{PIB_{t-1}}{PIB_t} + \frac{D_t}{PIB_t}$$

Avec les chiffres mentionnés plus haut, on vérifie que 60 % × 100/105 + 3 % = 60 %. Mais les défauts de cette arithmétique simple apparaissent immédiatement : pourquoi imposer une limite de 3 % de déficit à tous les pays, quels que soient leurs niveaux d'endettement et de croissance nominale ? Pourquoi imposer une politique restrictive à un pays qui subit temporairement un ralentissement de l'activité ? Symétriquement, comment l'inciter à revenir vers l'équilibre en période d'accélération de l'activité ?

C'est pour répondre à ces différentes critiques que le Pacte a été réformé en 2005. Les objectifs à moyen terme sont désormais modulés selon l'endettement et la croissance potentiels des États membres ; un taux de croissance négatif ou une baisse cumulative de la production pendant une période prolongée de croissance faible par rapport au potentiel pourront être considérés comme des circonstances exceptionnelles et temporaires ; les réformes structurelles (en particulier des régimes de retraite) seront prises en considération ; le rythme souhaitable de retour à l'équilibre des pays en déficit excessif a été précisé (on attend d'eux qu'ils améliorent de un demi-point par an leur solde structurel) ; et davantage d'attention est portée au solde structurel, en particulier en phase haute du cycle d'activité.

l'application du Pacte conduit à une politique budgétaire restrictive aggravant le ralentissement économique. Le graphique 3 montre que, depuis 1999, le solde budgétaire « sous-jacent » de la zone euro (solde corrigé du cycle et des recettes exceptionnelles, voir encadré) varie bien de manière contra-cyclique (il augmente en période de boom de l'activité et diminue lorsque l'activité ralentit), mais de manière atténuée par rapport à ce qui se passe aux États-Unis où, il est vrai, le cycle est plus accentué. Le graphique montre aussi que l'activisme américain lors de la crise de 2001-2002 a été possible grâce à une situation budgétaire assainie en 2000. À l'inverse, le faible activisme de la zone euro lors de la crise de 2001-2002 est imputable au premier chef à un effort insuffisant pour améliorer les finances publiques en haut de cycle. La réforme du Pacte de stabilité adoptée en 2005 visait, entre autres, à corriger cette situation. Le graphique montre cependant que le solde sous-jacent de la zone euro s'est peu amélioré lors du boom de 2006-2007. En 2008-2009, les gouvernements ont néanmoins pu s'affranchir de la règle des 3 % du fait de la crise mondiale.

La très forte dégradation des finances publiques à l'occasion de la crise a jeté le doute sur la nécessité de conserver une telle règle de politique budgétaire. Néanmoins, les finances publiques des États membres vont subir à l'avenir un choc bien plus important encore avec le vieillissement des populations. Avec ou sans Pacte, les États membres seront obligés d'ajuster leurs finances publiques, notamment s'ils ne veulent pas susciter l'inquiétude des marchés qui se sont montrés prompts à « punir » les États en difficulté par des taux d'intérêt plus élevés (voir graphique 2). Certains économistes [Wyplosz, 2006] considèrent qu'il vaudrait mieux réformer les institutions budgétaires nationales plutôt que de s'en remettre à des règles européennes pour imposer l'ajustement budgétaire. C'est le sens de la règle constitutionnelle adoptée par l'Allemagne en 2009, qui limite le déficit fédéral à 0,35 % du PIB à partir de 2016 et interdit les déficits des Länder après 2020. Toutefois, un cadre commun est nécessaire si l'on souhaite adjoindre à la BCE un copilote de la zone. Ce cadre devrait être plus large que celui du Pacte ou des GOPE,

Graphique 3. **Politique budgétaire discrétionnaire : une comparaison zone euro-États-Unis**

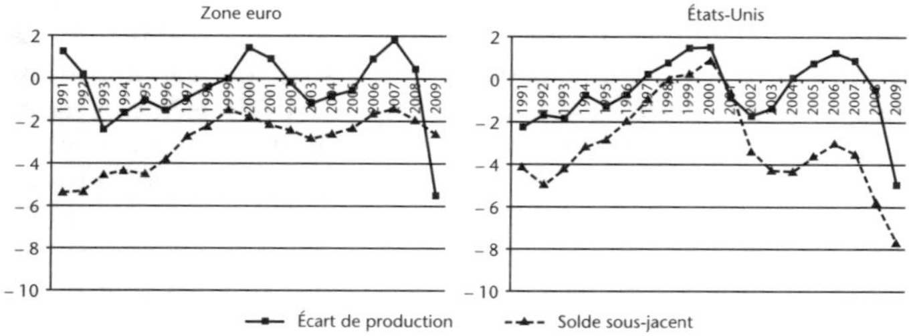

Source : OCDE, *Perspectives économiques*, n° 85, juin 2009.

Mesurer l'orientation de la politique budgétaire

Une réduction du déficit budgétaire ne signifie pas forcément que la politique budgétaire est restrictive. Elle peut aussi refléter une croissance plus forte. Pour juger de l'orientation de la politique budgétaire, il faut donc « corriger » le solde de l'effet du cycle économique. On appelle *solde structurel* ce solde corrigé.

On commence par mesurer l'écart de l'activité y par rapport à son niveau potentiel y^*. On calcule ensuite, à partir des expériences passées, la sensibilité du solde S à une variation de l'écart d'activité : $\varepsilon = dS/d(y - y^*) > 0$. On soustrait alors, pour chaque observation du solde, la contribution $\varepsilon(y - y^*)$ de l'écart d'activité, pour obtenir le solde structurel $S^* = S - \varepsilon(y - y^*)$. S^* est donc le solde qui serait constaté si l'activité était égale à son niveau potentiel, $y = y^*$.

Cette technique peut être raffinée en distinguant les différents postes de recettes et de dépenses. Elle est très approximative, du fait des erreurs d'appréciation possibles aussi bien sur la position dans le cycle ($y - y^*$) que sur la réactivité du déficit ε, et du fait des délais d'encaissement des recettes. Elle est cependant bien utile analytiquement pour mesurer l'effort accompli en matière budgétaire en haut de cycle ainsi que l'ampleur de la relance discrétionnaire (par opposition aux stabilisateurs automatiques) en bas de cycle.

L'OCDE complète cette décomposition du solde budgétaire en isolant les recettes exceptionnelles liées à la vente d'actifs publics. Le solde structurel corrigé de ces recettes exceptionnelles est appelé *solde sous-jacent.*

de manière à permettre à chaque acteur (BCE, Eurogroupe) d'anticiper la manière dont l'autre réagira aux événements touchant la zone euro dans son ensemble [Jacquet et Pisani-Ferry, 2000].

Vers un budget fédéral ?

Les dispositifs de coordination ont été conçus pour prendre acte de l'absence d'un budget fédéral qui accomplirait au niveau communautaire la fonction de stabilisation conjoncturelle évoquée au début de ce chapitre. Le choix de ne pas doubler l'euro d'un budget fédéral a été fait en 1990-1991 pour des raisons politiques : l'union monétaire constituait déjà un bond dans la direction du fédéralisme, à la limite de ce que pouvaient accepter des gouvernements et des opinions publiques attachés au maintien de la souveraineté nationale. La marge étroite du « oui » français au traité de Maastricht, en septembre 1992, comme la décision de trois pays européens de ne pas rejoindre l'euro et, dans les années 2000, les « non » de plusieurs pays au projet de traité constitutionnel en ont témoigné. Or la capacité pour l'État de lever l'impôt, le rôle du Parlement en matière budgétaire sont, comme la monnaie, des attributs essentiels de la souveraineté. Toute évolution en ce sens est donc conditionnée par une évolution des Européens en faveur d'un fédéralisme accru.

Ceci étant posé, y a-t-il des arguments économiques en faveur du fédéralisme budgétaire ? Tout dépend du type de redistribution qui serait alors mis en place entre le niveau fédéral et les États. Aux États-Unis, Sachs et Sala-i-Martin [1992] ont estimé que cette redistribution permet d'amortir à hauteur de 30 à 40 % l'impact budgétaire des chocs économiques qui affectent les États, mais cette évaluation est discutée [Fatás, 1998]. En outre, un système de transferts du niveau fédéral vers les États pourrait rapidement devenir un système de redistribution permanente, concurrent des politiques régionales comme les fonds structurels ou le fonds de la cohésion et difficilement acceptable politiquement [Bureau et Champsaur, 1992]. En revanche, d'autres motifs que la stabilisation conjoncturelle peuvent conduire à la montée en puissance d'un budget européen. Dans des marchés de plus en plus intégrés, un nombre croissant de fonctions régaliennes (sécurité, protection du consommateur, autorité de régulation des marchés) sont désormais assurées au niveau communautaire. Dans certains secteurs très intégrés ou comportant une dimension transnationale naturelle (par exemple, les transports), on peut très bien imaginer que le service public soit partiellement financé au niveau européen. Par ailleurs, la crise de 2008-2009 a montré la nécessité de renforcer le fédéralisme dans le domaine de la surveillance du système financier. La dimension budgétaire de cette surveillance est très importante (le renflouement des banques en difficulté se compte par dizaines de milliards d'euros). Si aucune règle n'a encore été discutée quant au partage de la charge entre les différents États concernés en cas de renflouement, ce dossier nécessitera assurément davantage de coordination dans les années à venir. Enfin, puisque la protection de l'environnement constitue un bien public commun, le principe d'une écotaxe européenne pourrait s'imposer naturellement dans les secteurs non couverts par le marché des droits d'émission, à l'image des « taxes carbone » introduite dans plusieurs pays.

La coordination à l'épreuve des faits

Les budgets publics à l'épreuve des cycles

À l'issue de la période de convergence qui avait permis aux États membres de respecter, parfois de justesse, le seuil des 3 % du PIB, le déficit budgétaire agrégé de la zone était encore de plus de 2 % du PIB en 1998 (voir graphique 4). L'assainissement budgétaire s'est poursuivi en 1999 et 2000, à la faveur de la bonne conjoncture économique. En 2000, le solde budgétaire agrégé de la zone euro était à l'équilibre. Cette même année, toutefois, le solde était excédentaire de 1,6 % du PIB aux États-Unis et de 3,7 % au Royaume-Uni. Ainsi, les critères de convergence de Maastricht et les premières années du Pacte de stabilité n'ont pas insufflé en zone euro davantage de discipline qu'aux États-Unis et au Royaume-Uni.

La zone euro a, en revanche, abordé la crise de 2008-2009 avec des finances publiques plus saines que celles des deux pays anglo-saxons : en 2007, le solde budgétaire était légèrement déficitaire en zone euro (– 0,6 % du PIB), contre un déficit proche de 3 % du PIB aux États-Unis et au Royaume-Uni.

Mais ce chiffre agrégé cache des situations très contrastées selon les États membres, avec un excédent de 5,2 % du PIB en Finlande mais un déficit de 3,6 % en Grèce et de 2,7 % en France (voir graphique 5). La crise a conduit tous les pays de la zone sauf trois à dépasser le seuil de déficit de 3 % de déficit, en particulier dans deux types de pays : 1) ceux qui, comme la France et la Grèce, n'étaient pas parvenus à ramener leurs finances publiques à l'équilibre avant la crise ; 2) ceux qui, comme l'Irlande et l'Espagne, bénéficiaient avant la crise d'une situation économique exceptionnellement favorable pour les finances publiques, avec en particulier des recettes fiscales gonflées par le boom économique et la bulle immobilière.

On aurait pu s'attendre à ce que les gouvernements réagissent de manière coordonnée à une crise mondiale qui touchait tous les pays peu ou prou de la même manière. Tel n'a pas été le cas. Les plans de relance mis en place dans les différents États membres ont été très différents les uns des autres à la fois par leurs montants et par leur composition. Les pays qui disposaient de marges de manœuvre plus importantes compte tenu de leur déficit initial n'ont pas systématiquement réalisé des plans de

Graphique 4. **Solde budgétaire : comparaison entre zone euro, États-Unis et Royaume-Uni**
(% du PIB)

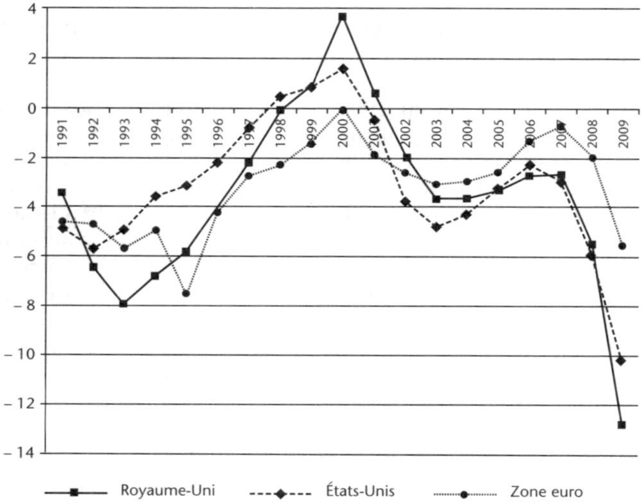

Source : OCDE, *Perspectives économiques*, n° 85, juin 2009.

relance plus ambitieux que ceux aux finances publiques plus précaires (le graphique 5 illustre l'ampleur de ces plans et de la dégradation conjoncturelle des finances publiques). Le « plan de relance européen » adopté par le Conseil européen à l'automne 2008 n'était en réalité que la juxtaposition des plans de relance nationaux et d'initiatives faisant appel aux instruments communautaires, comme la Banque européenne d'investissement.

La politique budgétaire à moyen terme

La crise mondiale de 2008-2009 a fait bondir la dette publique brute agrégée de la zone euro de 66 % du PIB en 2007 à plus de 80 % en 2010. Or les finances publiques vont devoir affronter le choc du vieillissement des populations et peut-être (quoique ce point fasse débat parmi les économistes) d'une croissance

Graphique 5. **Soldes budgétaires des États membres de la zone euro en 2007 et en 2009**
(% du PIB)

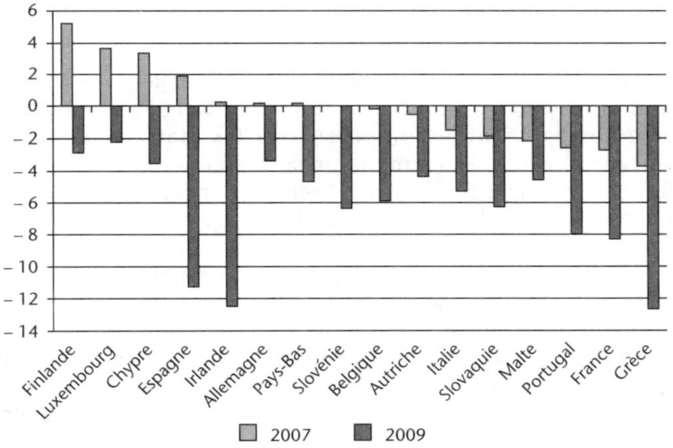

Source : Commission européenne, prévision d'automne, octobre 2009.

durablement plus faible sous l'effet de la crise. Selon le Comité de politique économique de l'UE [Comité de politique économique, 2009], le taux de dépendance (rapport de la population âgée de plus de 65 ans à celle âgée de 15 à 64 ans) passera de 37 % en 2007 à 72 % en 2060 en moyenne dans l'Union à 27, et le supplément de dépenses lié aux régimes de retraite publics sera de 2,7 % du PIB dans la zone euro. S'y ajoute l'impact du vieillissement sur les dépenses de santé, qui serait de 1,6 % du PIB entre 2007 et 2060. La solution au problème du financement des retraites passe avant tout par une réforme des régimes : augmentation de la durée de cotisation, incitation à l'épargne-retraite et, en dernier ressort, hausse des cotisations. Cependant, de telles réformes peuvent s'avérer difficiles en période de chômage élevé, notamment si le taux d'emploi des seniors est faible. Des arbitrages devront alors avoir lieu au sein de chaque pays, modifiant éventuellement le périmètre de l'intervention publique. La gestion des finances publiques devra également s'orienter vers une approche patrimoniale incluant une évaluation des risques pesant sur l'actif et le passif, y compris sur les engagements hors bilan des États.

Les pièges de la diversité

Comme l'indique la théorie des zones monétaires optimales, l'union monétaire tend à accentuer les divergences de cycles entre les pays qui la composent car les États membres ne peuvent plus utiliser l'arme monétaire pour amortir des chocs qui leur sont spécifiques. En l'absence de mobilité de la main-d'œuvre entre les États membres, chaque pays doit alors utiliser activement l'arme budgétaire.

En Finlande, par exemple, le ralentissement brutal de l'été 2001 lié à la crise des nouvelles technologies a réduit la croissance annuelle de 6 % à zéro en moins d'une année. Avant 1999, la Banque de Finlande aurait baissé massivement ses taux directeurs pour faire face à cette situation. Mais la Finlande, qui ne représente que 2 % du PIB de la zone euro, n'a rien à attendre de la BCE. La réponse a donc été budgétaire, avec un excédent passé de 9,1 % du PIB en 2000 à 3,5 % en 2003, soit une dégradation de 5,6 points de PIB (contre seulement 3,1 points pour l'ensemble de la zone euro).

Toutefois, les États membres n'ont pas pris toute la mesure de l'importance d'une gestion plus active des finances publiques pour compenser la disparition de l'arme monétaire au niveau national. Un cas d'école est celui de l'Espagne. À partir de 1999, l'Espagne a bénéficié du même taux d'intérêt nominal à court terme que celui de l'Allemagne et d'un taux long à peine supérieur. Or le taux d'inflation moyen en Espagne sur la période 1999-2008 a été de 3,2 %, contre 1,7 % en Allemagne. Le taux d'intérêt réel, qui est la différence entre le taux d'intérêt nominal et le taux d'inflation, a donc été plus faible en Espagne qu'en Allemagne. Le taux d'intérêt réel espagnol à court terme a même été négatif de 2002 à 2006, tandis que le taux long était proche de zéro en 2005 et 2006 (voir graphique 6). En encourageant les ménages espagnols à s'endetter, cette situation a contribué à la formation d'une bulle immobilière en Espagne ; elle a aussi alimenté une inflation plus élevée que dans d'autres pays. Une action corrective vigoureuse sous la forme de restrictions budgétaires plus importantes ou de mesures de freinage du marché immobilier aurait été nécessaire. Cependant l'Espagne respectait le Pacte de stabilité et rien ne l'incitait à calmer une économie florissante. Seules des mesures d'ordre prudentiel ont été prises (sous la forme de provisions accrues demandées aux banques espagnoles), ce qui n'a pas suffi à refroidir l'économie. Ceci renvoie à la faiblesse des GOPE mentionnée plus haut et à l'excessive focalisation de la surveillance collective sur les finances publiques, par le biais du Pacte de stabilité, et pas assez sur les déséquilibres macroéconomiques.

Graphique 6. **Taux d'intérêt réels en Espagne et en Allemagne**
(en %)

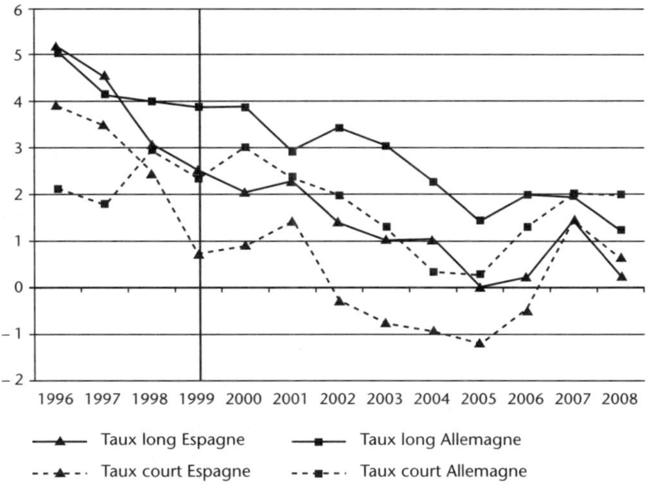

Source : OCDE, *Perspectives économiques*, n° 85, juin 2009.

L'expérience de l'Espagne signifie-t-elle que, dans une union monétaire, chaque pays devrait faire en sorte d'avoir le même taux d'inflation que celui de ses partenaires ? La réponse est non car les différences de taux d'inflation permettent d'effectuer les ajustements de taux de change réels naguère réalisés par des dévaluations ou des réévaluations. Ainsi, le faible taux d'inflation enregistré par l'Allemagne après la création de l'euro s'explique en partie par un effet de rattrapage de compétitivité, l'Allemagne étant entrée dans la zone euro avec une monnaie vraisemblablement surévaluée.

Par ailleurs, le rattrapage économique justifie, sur longue période, une inflation plus élevée dans certains pays : c'est l'effet « Balassa-Samuelson » (voir encadré). Ces écarts d'inflation n'ont rien de préoccupant car ils ne reflètent pas des déséquilibres conjoncturels et n'entraînent pas de pertes de compétitivité. Ils doivent néanmoins être surveillés pour ne pas excéder l'effet du rattrapage. En 1999, le PIB par habitant en Espagne était inférieur de 21 % au niveau de l'Allemagne (en parité de pouvoir d'achat, selon les calculs de la Banque mondiale). En 2007, l'écart n'était plus que de 8 %. Entre les deux dates, l'Espagne a donc rattrapé son retard de développement : l'écart d'inflation entre l'Espagne et l'Allemagne durant cette période s'explique en partie par le rattrapage de la productivité espagnole, lequel a poussé les salaires à la hausse dans tous les secteurs, même ceux n'ayant pas connu de gains de productivité. Pour estimer dans quelle mesure l'inflation était excessive en Espagne, il aurait fallu chiffrer l'effet Balassa-Samuelson et/ou observer d'autres variables comme l'évolution des prix d'actifs et de l'épargne espagnols, révélateurs de tensions inflationnistes sans rapport avec le rattrapage économique.

L'appartenance à l'euro n'exonère donc pas les gouvernements de la responsabilité de stabiliser l'économie de leur pays, bien au contraire. L'existence dans la zone euro de petits pays qui peinent à contrôler leur économie n'est pas réellement un problème pour le pilotage de la zone par la BCE, mais elle menace la crédibilité collective de l'union monétaire. Ceci peut expliquer les réticences à de nouveaux élargissements de la zone.

Conclusion : les infortunes du *policy mix*

Dès sa conception en 1997, le Pacte de stabilité a été fortement débattu par les économistes. De ce débat, mais aussi de l'incapacité de l'Allemagne et de la France à respecter le Pacte lors de la crise de 2002-2004, est née la réforme du Pacte de 2005. Parallèlement, des efforts ont été faits pour mieux organiser institutionnellement la coordination des politiques macroéconomiques, grâce en particulier au renforcement de la

L'effet Balassa-Samuelson

Selon Balassa [1964] et Samuelson [1964], un pays en retard sur ses partenaires en termes de productivité verra mécaniquement son taux de change réel (c'est-à-dire le rapport des prix locaux et étrangers, exprimés en monnaie commune) s'apprécier. Le mécanisme est le suivant. La productivité des secteurs exposés à la concurrence internationale progresse, entraînant une hausse des salaires dans ces secteurs et, par contamination, dans l'ensemble de l'économie. Cette hausse des salaires accroît les coûts unitaires de production dans le secteur abrité — artisanat, commerce, agriculture —, où les gains de productivité sont moindres, et élève donc les prix de production dans ce secteur. Dès lors que les parts respectives des secteurs abrité et exposé sont stables dans l'économie, le niveau moyen des prix s'élève. À taux de change nominal fixe, c'est le niveau des prix intérieurs qui augmente par rapport au niveau des prix étrangers.

Dans le cas de la zone euro, cela signifie que les pays en rattrapage (Grèce, Portugal, Slovaquie) ont sur longue période un taux d'inflation supérieur à celui de leurs partenaires de la zone. À l'inverse, les pays dont le PIB par tête est supérieur à la moyenne (par exemple les Pays-Bas) ont un taux d'inflation plus faible. Si les pays à forte inflation venaient à représenter une part importante de la zone, une inflation moyenne de 2 % en zone euro ne serait possible que si les pays les plus avancés enregistraient des taux d'inflation très faibles.

présidence de l'Eurogroupe. La crise de 2008-2009 a cependant mis en lumière la faiblesse récurrente de ces dispositifs : certains pays, comme la France et la Grèce, ont abordé la crise avec des finances publiques déjà précaires ; d'autres, comme l'Espagne et l'Irlande, ont respecté le Pacte mais laissé se développer des déséquilibres macroéconomiques majeurs ; tous, à des degrés divers, ont ignoré le risque macrosystémique résultant des prises de risques excessives au sein du système financier ; enfin, la zone euro a manqué d'un dispositif pour réagir de manière coordonnée à la crise.

La crise a ainsi montré l'importance d'une coordination plus étroite des gouvernements. La nécessité de cette coordination ne faisait pas consensus avant la crise, notamment parce que les externalités de politique budgétaire (les effets d'une politique budgétaire dans un État membre sur la conjoncture de ses partenaires européens) sont loin d'être avérées [Bénassy-Quéré et Cimadomo, 2006]. Cependant, la crise a montré l'importance d'une coordination en amont pour empêcher l'accumulation des déséquilibres macroéconomiques et financiers, mais aussi en aval, pour résorber les déficits budgétaires sans étouffer dans l'œuf la reprise économique ni relancer les anticipations inflationnistes.

Parallèlement, la nécessité d'une coordination entre les gouvernements et la BCE est apparue moins essentielle, la BCE ayant finalement montré sa capacité à gérer la crise financière dans le cadre de son mandat et sans attendre les gouvernements. La coordination entre politique budgétaire et politique monétaire suppose une coordination des politiques budgétaires entre elles, les gouvernements ayant du mal à partager avec la BCE une vision claire de leur stratégie de moyen terme.

Plus que jamais, la zone euro se caractérise par un modèle hybride entre une coopération entre États (pour les questions budgétaires, pour la surveillance prudentielle) et une fédération (pour la monnaie). Une solution serait d'aller jusqu'au bout du chemin en rendant contraignante la coordination des politiques budgétaires, soit en introduisant des règles automatiques, soit en allant jusqu'au fédéralisme budgétaire. Mais la question du degré de fédéralisme en Europe dépasse l'euro et la gestation difficile du traité de Lisbonne montre qu'elle n'est pas d'actualité. Des actions communes pourraient se mettre en place dans les domaines de l'action publique où les interdépendances sont les plus évidentes : gestion du climat, sécurité, recherche, stabilité financière... La crise financière a permis de franchir une étape majeure dans ce dernier domaine avec les réformes de 2009 inspirées du rapport Larosière : création d'autorités européennes de supervision des banques, des marchés et des assurances, création d'un Comité européen du risque systémique, présidé par la BCE. Par ailleurs, la situation très dégradée des finances publiques au sortir de la crise, couplée à la nécessité vitale de stimuler la croissance de long terme de la zone, pourrait relancer le dossier conflictuel de la coordination fiscale. Mais le périmètre de ces réformes doit-il être la zone euro ?

V / L'euro et le monde

Le système monétaire international est organisé depuis la Seconde Guerre mondiale autour du dollar américain. À la fin des années 1980, l'idée que l'euro pourrait concurrencer le dollar a influencé le débat sur l'union monétaire. Plus généralement, les Européens espéraient que la monnaie unique allait les aider à jouer un rôle plus important sur l'échiquier économique mondial, notamment par rapport aux États-Unis. Encore fallait-il s'entendre pour qu'à la monnaie unique corresponde une politique économique extérieure unique.

« L'Europe : quel numéro de téléphone ? »

Cette boutade d'Henry Kissinger est souvent citée pour illustrer la singularité de la construction européenne, parfois difficile à comprendre par les plus proches de ses partenaires. Sur les questions monétaires et financières, les États membres de la zone euro cherchent à se coordonner pour parler d'une seule voix dans les instances internationales. Toute la difficulté est de déterminer les domaines concernés : s'il est clair que la position exprimée sur le taux de change doit être unique, les Européens ne sont pas nécessairement du même avis sur la gestion des crises financières ou sur l'aide au développement. Il faut aussi délimiter les rôles des différentes institutions : Conseil, Commission et BCE.

Les États membres de la zone euro sont imbriqués dans un tissu d'institutions : Fonds monétaire international (FMI), Banque des règlements internationaux (BRI), Conseil de stabilité

La représentation de la zone euro dans les enceintes internationales

Le G20 est le forum des chefs d'État ou de gouvernement et des ministres des Finances de vingt pays choisis en 1999 pour leur importance systémique dans l'économie mondiale. L'Union européenne en est membre de plein droit, aux côtés des quatre plus grands États membres (Allemagne, France, Royaume-Uni et Italie). Elle y est représentée par la présidence du Conseil assistée par la Commission. Le G20 est complété par un « G20-finances » qui réunit les ministres des Finances et les gouverneurs des banques centrales des mêmes pays et discute des questions macroéconomiques et des marchés financiers. La zone euro n'y est représentée que par le président de la BCE. Le président de l'Eurogroupe se joint en revanche aux discussions du G7, qui subsistent en parallèle au G20. La zone euro est donc bien prise en compte dans les discussions de politique macroéconomique, comme en témoignent les rapports sur l'économie de la zone euro qui sont régulièrement préparés par le FMI et l'OCDE, sur le modèle des rapports par pays.

Pour les autres questions, en revanche (gestion de crises, décisions relatives au FMI ou à la Banque mondiale...), la représentation qui prévalait avant l'euro n'a pas, pour l'instant, connu de bouleversements importants. La BCE peut assister, en tant qu'observateur, au conseil d'administration du FMI. Elle participe également au Conseil de stabilité financière, qui coordonne la régulation des marchés financiers mondiaux, et au G20. De plus en plus, les pays européens s'efforcent de définir des positions communes sur les questions financières internationales, mais ces questions concernent en général les vingt-sept membres de l'Union, non ceux de la seule zone euro. L'Europe souffre d'un manque de cohérence des positions prises vis-à-vis de grands pays comme les États-Unis ou la Chine, n'ayant pas de chef de file capable de discuter à la fois les questions politiques, commerciales et monétaires. La désignation, pour un mandat de deux ans et demi, d'un président du Conseil européen (M. Van Rompuy au 1er décembre 2009) devrait contribuer à réduire ce décalage politique.

Un chantier important est la redéfinition des droits de vote au FMI. Les membres de la zone euro totalisent 22 % des droits de vote, contre 17 % pour les États-Unis. Les Européens ont transféré un point de droits de vote aux pays émergents à l'occasion des réformes de quotes-parts de 2006 et 2008. Des propositions plus radicales ont été formulées pour créer une « chaise unique » de la zone euro. Les droits de vote étant fondés sur le PIB, les réserves de change et le commerce de chaque État membre, la fusion des représentations nationales dans le cadre d'une chaise unique « zone euro » réduirait fortement le droit de vote agrégé de la zone (du fait de la consolidation des échanges intra-européens), même si les droits résiduels étaient mieux coordonnés du fait de la représentation unique. Cependant, une telle réforme supposerait que certains pays européens (Belgique, Pays-Bas, Italie, Finlande) renoncent à présider des circonscriptions comprenant des pays non européens. Un accord est difficile à trouver sur ces sujets de souveraineté, et une voie médiane consisterait à regrouper les pays européens au sein d'un nombre réduit de circonscriptions.

De telles évolutions sont encouragées par le Traité, qui prévoit (art. 138) que le Conseil peut adopter des positions communes de la zone euro dans les institutions et conférences financières internationales, et mettre en place une représentation unifiée dans ces instances.

financière, Organisation de coopération et de développement économiques (OCDE), qui surveillent le système monétaire international, la stabilité des systèmes financiers et les politiques économiques nationales. Ils participent aussi au G20, principal lieu de coordination mondiale des politiques et de réforme des institutions. Il est logique que la zone euro y soit représentée en tant que telle. Seulement voilà : les États membres de la zone assistent déjà à ces réunions, directement ou, dans le cas des petits pays, à travers un système de circonscriptions (regroupements de pays), comme par exemple au conseil d'administration du FMI. La pression internationale est forte pour réduire la représentation européenne dans les instances internationales, ce qui permettrait d'accroître le poids des pays émergents et en développement (voir encadré).

L'euro, monnaie internationale

En créant l'euro, les Européens pouvaient espérer que leur monnaie s'imposerait au même titre que le dollar sur la scène internationale. Si leurs exportations et leurs importations venaient à être libellées plus souvent en euro et moins souvent en dollar, cela réduirait leur exposition au risque de change et atténuerait l'impact des variations de taux de change sur les prix intérieurs. L'euro allait aussi rendre leurs marchés financiers plus attrayants pour les investisseurs hors de la zone euro. Compte tenu de l'inertie du système monétaire international, dont l'évolution s'inscrit dans un temps très long, on pouvait néanmoins s'attendre à une internationalisation très progressive de l'euro. C'est ce qui s'est produit.

Des handicaps de départ

Pourquoi l'euro jouerait-il un rôle comparable à celui du dollar ? Essentiellement pour une raison de taille : comme on l'a vu plus haut, celle de la zone euro est comparable à celle des États-Unis. La taille d'une zone monétaire est importante pour plusieurs raisons. Des producteurs locaux nombreux et puissants sur le marché forcent les fournisseurs étrangers à fixer leurs prix et à régler en monnaie locale. Les autorités monétaires des pays partenaires sont alors incitées à s'ancrer sur cette même

Qu'est-ce qu'une monnaie internationale ?

La monnaie remplit trois fonctions principales (voir tableau 1). C'est un *moyen de paiement* des échanges, qui évite les inconvénients du troc, une *unité de compte* qui rend plus transparente l'information sur les prix et une *réserve de valeur* qui permet aux agents économiques de différer leurs dépenses. Paul Krugman [1991] a transposé ces fonctions au plan international, en introduisant une distinction entre l'usage de la monnaie par le secteur privé (importateurs et exportateurs, investisseurs) et son usage par le secteur public (gouvernements et banques centrales).

Tableau 1. **Les fonctions d'une monnaie internationale**

	Rôle dans le secteur privé	**Rôle dans le secteur public**
Moyen de paiement	Monnaie véhiculaire	Monnaie d'intervention
Unité de compte	Monnaie de libellé	Monnaie d'ancrage
Réserve de valeur	Monnaie d'investissement	Monnaie de réserve

Source : Krugman [1991].

Du côté du secteur privé, une monnaie *véhiculaire* est acceptée en règlement de biens, de services ou d'actifs financiers au-delà des frontières du pays qui l'émet : par exemple, la plupart des exportations et des importations des États-Unis sont payées en dollars, quel que soit le pays partenaire. Le *libellé* dans une monnaie internationale rend les prix plus lisibles pour tous les acheteurs, quelle que soit leur provenance : par

monnaie pour réduire le risque de change. La taille de la zone détermine aussi la liquidité et les coûts de transaction sur le marché financier [Hartmann, 1998], même si la zone euro avait dans ce domaine un retard à combler, dû au rôle traditionnellement important de la finance intermédiée par rapport aux financements de marché. Par ailleurs, l'importance donnée à la stabilité des prix dans la zone euro en fait une ancre efficace pour les pays tiers et une monnaie de réserve fiable, même si l'avantage n'est pas décisif par rapport au dollar et au yen, qui présentent des garanties comparables en matière d'inflation.

Lors de sa création, l'euro jouait un rôle beaucoup plus faible que le dollar sur les marchés financiers internationaux. Il souffrait en effet de plusieurs handicaps. Le plus important était qu'il n'était pas (encore) une monnaie internationale ! Il est très difficile de concurrencer une monnaie déjà en place. Celle-ci bénéficie d'économies d'échelle (une entreprise a intérêt à ne exemple, le prix du pétrole est libellé en dollar. Enfin, une monnaie est un objet d'*investissement* pour les non-résidents quand les marchés financiers du pays sont liquides et quand son économie inspire confiance. Du côté du secteur public, l'*ancrage* à une monnaie internationale est un engagement des autorités à limiter, voire supprimer les fluctuations du taux de change national par rapport à cette monnaie (par exemple, l'ancrage du franc CFA à l'euro ou du dollar de Hong Kong au dollar américain). L'objectif est de réduire l'inflation importée et de favoriser les flux de commerce et d'investissement avec le pays ancre. La monnaie d'ancrage est aussi une monnaie d'*intervention* : pour contrecarrer une baisse de sa monnaie, l'autorité monétaire de Hong Kong achète des dollars américains. Enfin, une *monnaie de réserve* est la monnaie dans laquelle sont placées les réserves en devises des banques centrales.

Il arrive qu'une monnaie ne remplisse que certaines de ces fonctions. Jusqu'en 1999, l'Ecu n'était pas une monnaie véhiculaire pour le secteur privé, mais c'était un moyen de paiement pour les banques centrales et une monnaie d'investissement pour le secteur privé, qui détenait des titres libellés en Ecu. De même, les droits de tirage spéciaux émis par le FMI sont utilisés par les banques centrales mais pas par le secteur privé. Il existe cependant des synergies entre les différentes fonctions. Par exemple, il est naturel que la même monnaie soit utilisée pour exprimer les prix et pour régler les transactions. De même, une monnaie véhiculaire devient facilement une réserve de valeur. Enfin, dans un pays dont la monnaie est ancrée sur le dollar ou sur l'euro, les agents privés ont intérêt à emprunter et à placer leur argent dans cette monnaie d'ancrage pour limiter le risque de change : on parle dans ce cas de *dollarisation* ou d'*euroïsation* du pays.

travailler que dans une seule monnaie pour limiter les coûts de gestion de sa trésorerie ; les coûts d'échange de n'importe quelle monnaie dans le monde sont plus faibles contre le dollar que contre l'euro ou le yen) et d'effets de réseau (sur un marché où tout le monde utilise le dollar, une entreprise entrante n'a aucune raison d'utiliser l'euro). Seuls des événements majeurs comme le basculement à l'euro du marché pétrolier pourraient inciter les agents économiques à libeller leurs transactions en euro. Le second handicap était une intégration incomplète des marchés financiers européens qui les rendait difficiles à aborder pour un investisseur extérieur. Le troisième handicap était une croissance plus faible qu'aux États-Unis et un moindre développement des nouvelles technologies, à cause desquels l'investissement productif rapportait moins dans la zone euro qu'aux États-Unis.

L'euro après 1999 : une monnaie d'endettement

Le développement du rôle international de l'euro s'est avant tout manifesté pour la fonction de réserve de valeur (voir tableau 2). La part de l'euro a nettement augmenté entre fin 1999 et fin 2008 dans les encours d'obligations internationales (de 21,2 à 29,5 %), les prêts et dépôts bancaires transfrontaliers (de 14 à 22,2 %) et les réserves de change (de 17,9 à 26,5 %), au détriment du dollar mais aussi du yen. La part des exportations de la zone vers des pays hors zone euro qui sont libellées en euro a elle aussi très fortement augmenté. En revanche, le poids de l'euro a peu varié comme monnaie véhiculaire : le dollar reste la monnaie pivot du marché des changes et l'euro est rarement utilisé dans les transactions commerciales n'impliquant pas la zone euro. De manière générale, l'euro ne s'est pas imposé comme monnaie mondiale, mais plutôt comme une monnaie de diversification pour les investisseurs internationaux et comme une monnaie régionale, utilisée comme monnaie aussi bien d'endettement que de transaction, principalement dans les pays voisins de la zone euro [BCE, 2009 ; Kamps, 2006].

Vers un système monétaire multipolaire ?

La crise qui a frappé l'économie mondiale en 2007-2009 a donné lieu à de multiples interprétations, non exclusives les unes des autres. Les incitations insuffisantes au contrôle des risques dans le secteur financier, du fait d'une régulation lacunaire, ont joué un rôle majeur, reconnu par le G20 [Bénassy-Quéré *et al.*, 2010, chapitre 8]. Mais la profondeur des marchés financiers américains et le rôle international du dollar ont également contribué à l'accumulation de déséquilibres aux États-Unis, l'endettement américain n'ayant pas rencontré de limite en raison d'un appétit apparemment sans fin des investisseurs étrangers, notamment des banques centrales des économies émergentes, pour des actifs américains particulièrement liquides. Afin de limiter les risques pour leur compétitivité et leurs revenus d'exportation, les économies émergentes étaient également incitées à stabiliser leurs taux de change par rapport à cette monnaie internationale, donc à accumuler des réserves officielles de change dans cette monnaie. Dooley, Folkerts-Landau et Garber [2004] avaient qualifié de « nouveau Bretton

Tableau 2. **Les monnaies clés dix ans après l'introduction de l'euro**
(parts de marché en %)

Fonction	Dollar	Yen	Euro	Autres
Échanges de biens entre la zone euro et les pays hors zone euro, 2007[1]				
– Exportations	–	–	56,9	–
– Importations	–	–	46,7	–
Activité sur le marché des changes, avril 2007[2]	86,3	16,5	37,0	60,2
Encours d'obligations internationales (définition large) fin 2008[3]	39,8	14,2	29,5	16,6
Encours d'obligations internationales (définition étroite) fin 2008[4]	44,7	6,8	32,2	16,3
Encours de prêts bancaires transfrontaliers (définition large) fin 2008[5]	51,6	3,2	22,2	23,0
Encours de prêts bancaires transfrontaliers (définition étroite) fin 2008[6]	54,3	5,9	17,6	22,2
Dépôts bancaires transfrontaliers (définition large) fin 2008[5]	59,3	2,1	22,4	16,2
Dépôts bancaires transfrontaliers (définition étroite) fin 2008[6]	52,3	3,2	21,7	22,8
Réserves de change fin 2008[7]	64,0	3,3	26,5	6,2
Ancrages monétaires, avril 2008[8]	45,4	14,4	18,6	–

Notes : 1. Moyenne non pondérée sur huit pays (Belgique, Allemagne, Grèce, Espagne, France, Italie, Luxembourg, Portugal). 2. Sur un total de 200 %. 3. Y compris les émissions domestiques (ex. obligations en euros émises par des pays de la zone euro). 4. Hors émissions domestiques. 5. Y compris les prêts/dépôts de/à des banques situées aux États-Unis, au Royaume-Uni, en Suisse et dans la zone euro et libellés dans leur propre monnaie ; hors prêts/dépôts interbancaires. 6. Hors prêts/dépôts de/à des banques situées aux États-Unis, au Royaume-Uni, en Suisse et dans la zone euro et libellés dans leur propre monnaie ; hors prêts/dépôts interbancaires. 7. Hors réserves non allouées. 8. Part des monnaies ancrées de manière plus ou moins rigide, hors union monétaire européenne.

Sources : BRI [2007], BCE [2009], FMI [2009].

Woods » ce système monétaire international toujours centré sur le dollar trente ans après l'abandon du système de parités fixes de Brettons Woods. Ils avaient suggéré que ce système, qui permettait à la fois aux États-Unis de s'endetter à taux d'intérêt faible et à la Chine de se développer par l'exportation, pouvait être durable. Comme le disait Jacques Rueff à propos du système de Bretton Woods, « si je pouvais convenir avec mon tailleur qu'il me reprêtera le jour même toute somme d'argent que je lui aurai payée, je n'aurais aucune objection à lui commander plus de costumes » [Rueff, 1965, traduction des auteurs].

Néanmoins, la Chine s'est progressivement convaincue du risque important qu'elle encourait à conserver des réserves de change toujours croissantes en bons du Trésor américain. Plutôt que de diversifier brutalement les avoirs de la Banque du peuple de Chine vers l'euro et le sterling, ce qui aurait assurément provoqué une chute du dollar et donc une perte de change, les autorités chinoises ont préféré relancer l'idée de renforcer le rôle du droit de tirage spécial (DTS), l'unité de compte du FMI, dans le système monétaire international et d'encourager l'internationalisation de la monnaie chinoise par des accords de *swaps* avec des banques centrales asiatiques et latino-américaines. Bien sûr, le renminbi ne saurait devenir une monnaie internationale sans être parfaitement convertible. Cependant, ces premiers pas montrent que le système monétaire international pourrait progressivement devenir plus multipolaire. En retenant une approche « globale » des monnaies (qui intègre des marchés financiers nationaux comme les marchés actions, dans lesquels le rôle des investisseurs étrangers est de plus en plus important), il est clair que l'Asie a un potentiel très important face au dollar et à l'euro, malgré des marchés internationaux encore peu développés [Thimann, 2009].

De son côté, l'euro continuera d'exercer une force d'attraction pour les pays candidats à l'Union européenne, qui s'engagent dans la perspective d'une intégration commerciale puis monétaire avec la zone euro, mais aussi en Afrique subsaharienne (voir encadré) et dans le pourtour sud de la Méditerranée, pour lequel la zone euro tient une place prépondérante comme partenaire commercial et comme pourvoyeur d'investissements directs.

Le taux de change de l'euro

Le 4 janvier 1999, l'euro a fait son entrée sur le marché des changes au taux de 1,17 dollar par euro. Ce chiffre n'était le résultat ni du hasard, ni de longues négociations. C'était tout simplement la dernière parité observée de l'Ecu. Les avoirs en Ecu étaient convertis en euro au taux de un pour un et il n'était

---

La zone franc et l'euro

L'euro est la monnaie de référence des quinze pays de la zone franc dont les monnaies — les deux francs CFA d'Afrique de l'Ouest et d'Afrique centrale, et le franc comorien — sont fixes par rapport à l'euro, aux taux de 655,957 francs CFA et 491,96775 francs comoriens respectivement pour un euro. La zone franc est composée de l'Union monétaire ouest-africaine (Bénin, Burkina Faso, Côte d'Ivoire, Guinée-Bissau, Mali, Niger, Sénégal et Togo), de la Communauté économique et monétaire de l'Afrique centrale (Cameroun, Congo, Gabon, Guinée équatoriale, République centrafricaine et Tchad) et des Comores. Chacune de ces trois zones dispose de sa propre banque centrale. La libre convertibilité des trois monnaies est garantie par le Trésor français, qui tient ouvert un compte d'opérations sur lequel les trois banques centrales ont un droit de tirage illimité (ce tirage revêtant cependant un caractère très exceptionnel). Le passage à l'euro en 1999 n'a rien changé aux mécanismes de la zone franc : les parités contre euro résultent d'une simple conversion des parités en vigueur contre le franc français depuis le 11 janvier 1994, et la garantie de change accordée par la France a été approuvée par le Conseil de l'Union européenne.

pas question que l'union monétaire se traduise par des gains ou par des pertes pour les détenteurs de ces sommes. Le 4 janvier 1999, l'euro n'était donc pas plus sous-évalué ou surévalué par rapport au dollar que ne l'étaient les monnaies qui constituaient l'Ecu. Et, dès les premières minutes, la parité était à nouveau déterminée par l'offre et la demande sur le marché des changes. Après une dépréciation presque continue durant les deux premières années, l'euro s'est stabilisé en 2001 pour ensuite s'apprécier violemment en deux vagues successives (voir graphique 1). La crise financière mondiale démarrée aux États-Unis en août 2007 a fait d'abord chuter le dollar ; la monnaie américaine a ensuite joué son rôle de valeur refuge et s'est appréciée par rapport à l'euro, avant de se déprécier à nouveau quand les perspectives de reprise se sont confirmées et que la résorption du déficit des transactions courantes américaines est revenue à l'ordre de jour.

Au total, les variations du taux de change euro-dollar ont été très amples depuis 1999, mais pas exceptionnelles au regard du passé. La volatilité constatée, calculée comme l'écart type des variations mensuelles du taux de change, a même diminué après l'introduction de l'euro, de 3,1 % sur la période 1980-1998 à 2,5 % entre 1999 et 2009. Toutefois, la dépréciation de l'euro par rapport au dollar de 26 % entre janvier 1999 et juin 2001, et surtout son appréciation de 85 % entre juin 2001 et juillet 2008 ont fortement perturbé la compétitivité-prix des entreprises de la zone et l'organisation de leurs chaînes de production. Comment expliquer de si fortes fluctuations ?

Graphique 1. **Taux de change Ecu/dollar et euro/dollar sur longue période**

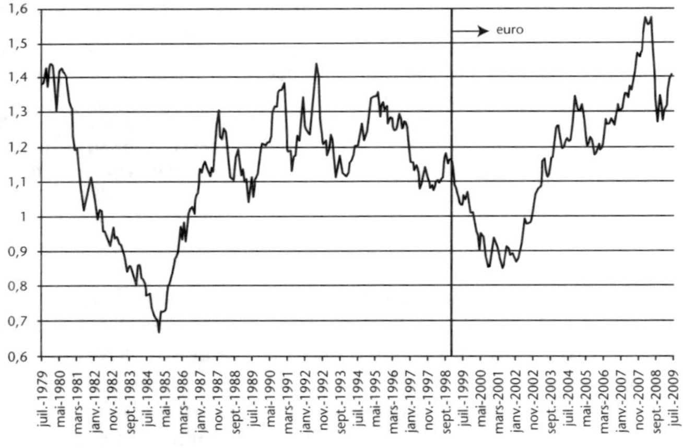

Sources : FMI (avant 1999) et BCE (à partir de 1999).

Les déterminants du taux de change de l'euro

Pour comprendre ce qui s'est passé à partir de 1999, une parenthèse est nécessaire sur les facteurs déterminant les mouvements du taux de change. La valeur de l'euro résulte du jeu de l'offre et la demande sur le marché des changes, donc de la manière dont s'équilibrent les entrées et les sorties de capitaux. Ces entrées et ces sorties de capitaux sont déterminées par quatre facteurs :

— le *solde des transactions courantes* (exportations moins importations de biens et services, plus solde des revenus nets des facteurs de production — travail et capital) : un excédent courant signifie que la production de la zone euro excède les

Taux d'intérêt et taux de change

En l'absence d'aversion pour le risque et d'obstacles aux mouvements de capitaux, les flux financiers entre deux pays peuvent compenser tout déséquilibre des transactions courantes à condition que le rendement anticipé des actifs financiers soit identique dans les deux pays. En effet, notons i_t le taux d'intérêt nominal dans la zone euro à la date t, i_t^* le taux d'intérêt nominal américain et $\Delta s_{t,t+1}^a$ la variation relative anticipée de l'euro par rapport au dollar entre t et t + 1 (un signe positif indique une appréciation anticipée de l'euro). Le rendement des actifs européens doit être égal au rendement des actifs américains corrigé des gains ou pertes de change anticipés, faute de quoi les investisseurs saisiraient les opportunités d'arbitrage : c'est la relation de parité non couverte des taux d'intérêt :

$$i_t = i_t^* - \Delta s_{t,t+1}^a.$$

En notant $\Delta s_{t,t+1}^a = s_{t+1}^a - s_t$, où $s_{t+1}{}^a$ est le logarithme du taux de change anticipé et s_t le logarithme du taux de change observé, on a :

$$s_t = s_{t+1}^a + i_t - i_t^*.$$

Le taux de change euro-dollar s dépend du taux anticipé s^a et de l'écart de taux d'intérêt entre zone euro et États-Unis, $i - i^*$: toutes choses égales par ailleurs, une hausse du taux d'intérêt européen entraîne une appréciation du taux de change courant de l'euro.

En supposant maintenant que les anticipations sont rationnelles, le taux de change anticipé en t pour t + 1 vérifie :

$$s_{t+1}^a = s_{t+2}^a + i_{t+1}^a - i_{t+1}^{*a}.$$

On tire le taux de change courant en fonction de tous les différentiels de taux d'intérêt à venir :

$$s_t = \sum_{k=0}^{\infty} (i_{t+k}^a - i_{t+k}^a) + \lim_{k \to \infty} s_{t+k}^a$$

Ainsi, l'euro s'apprécie par rapport au dollar (s_t augmente) si les marchés observent ou anticipent une hausse du taux d'intérêt de la zone par rapport aux États-Unis.

---

dépenses de consommation et d'investissement (le surplus de biens et services produits est écoulé à l'étranger). La production étant égale au revenu distribué (revenu du travail et du capital), un excédent correspond donc à un surplus de revenu par rapport à la dépense, soit une épargne nette. Dans la mesure où les résidents de la zone euro ont une préférence pour les actifs libellés en euros (qui leur évitent d'encourir un risque de change), un excédent courant en zone euro pousse la monnaie européenne à la hausse ;

— l'*écart de taux d'intérêt* : à risque identique, les investisseurs internationaux cherchent à maximiser le rendement de leurs portefeuilles. Ceci les incite à élever la part de leurs portefeuilles détenue sous forme d'actifs dans des monnaies portant un taux d'intérêt en hausse. Ainsi, une augmentation des taux d'intérêt en zone euro par rapport aux États-Unis apprécie la monnaie européenne (voir encadré) ;

— les *investissements directs étrangers* : certains mouvements de capitaux obéissent à une stratégie d'internationalisation parfois disjointe des écarts de rendement observés sur le marché. Ainsi, un afflux d'investissements directs étrangers en zone euro est un facteur d'appréciation de la monnaie européenne ;

— les *interventions de change* : les autorités monétaires peuvent choisir de combler un déséquilibre du marché des changes par des interventions officielles. Par exemple, la BCE peut acheter des dollars sur le marché, ce qui augmente ses réserves de change, pour empêcher l'euro de s'apprécier face à la monnaie américaine (ou pour ralentir cette appréciation).

Depuis 1999, le solde extérieur courant de la zone euro est resté relativement stable, proche de l'équilibre jusqu'à la crise de 2008-2009. Dans le même temps, le déficit courant des États-Unis s'est fortement creusé, de 3,3 % du PIB en 1999 à 6 % en 2006, pour se redresser au moment de la crise. Ainsi, ce premier facteur a joué à la baisse sur le dollar (et à la hausse sur l'euro) au cours de la période 1999-2006.

Durant cette même période, le taux de change euro/dollar a réagi aux écarts de taux d'intérêt entre les deux zones : l'euro s'est déprécié lorsque le taux d'intérêt de la zone était inférieur au taux américain (1999-2000, fin 2005, voir graphique 2) ; il s'est apprécié en situation inverse (2002-2004, puis la première moitié de 2008). En 2006-2007, l'euro s'est apprécié malgré le différentiel de taux favorable au dollar ; mais c'est à ce moment que le solde extérieur américain s'est très fortement dégradé.

Du côté des investissements directs, le phénomène marquant de la période a été l'internationalisation des entreprises de la zone euro qui ont investi massivement au Royaume-Uni et aux États-Unis en 1999 et 2000. Des acquisitions comme celle d'Orange par France Télécom ou de Seagram par Vivendi ont illustré ce phénomène qui a contribué à la faiblesse de l'euro en 1999 et 2000.

Enfin, les interventions de change de la BCE ont joué un rôle presque négligeable dans l'évolution du taux de change eurodollar puisque, entre 1999 et 2009, la BCE n'est intervenue qu'une seule fois — à l'automne 2000 (voir plus loin) — sur le marché des changes. En revanche, les interventions fréquentes

Graphique 2. **Taux d'intérêt et taux de change**

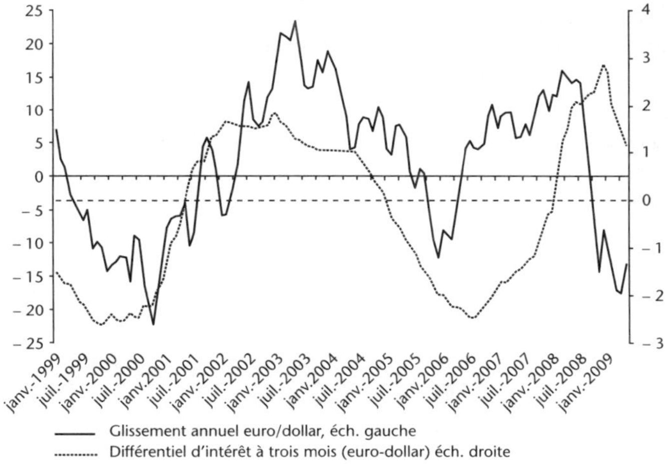

Sources : BCE et Fed.

de pays tiers comme la Chine ont pu contribuer à l'appréciation de l'euro sur la période 2002-2008. Durant cette période, en effet, l'ancrage d'un grand nombre de monnaies sur le dollar a reporté sur un petit nombre de devises (euro, livre sterling notamment) la charge de l'ajustement à la baisse de la monnaie américaine.

... et alors ?

Faut-il s'alarmer des fluctuations de l'euro par rapport au dollar ? Des simulations effectuées par le National Institute of Economic and Social Research de Londres montrent qu'une appréciation temporaire de 10 % de l'euro par rapport au dollar, qui s'annulerait progressivement en huit ans, entraînerait une perte cumulée d'activité de 1,5 % du PIB pour la zone euro au bout de cinq ans. Compte tenu des fortes variations observées depuis 1999 (voir graphique 1), le chiffre est considérable. Il faut cependant noter que le taux de change effectif de l'euro

— taux de change moyen par rapport à l'ensemble des partenaires de la zone — a été beaucoup plus stable que le taux euro/dollar, comme le montre le graphique 3 (rappelons que le Royaume-Uni est un partenaire commercial plus important que les États-Unis pour la zone euro).

Graphique 3. **Taux de change bilatéral et effectif en zone euro**
(Indice 100 en janvier 1999)

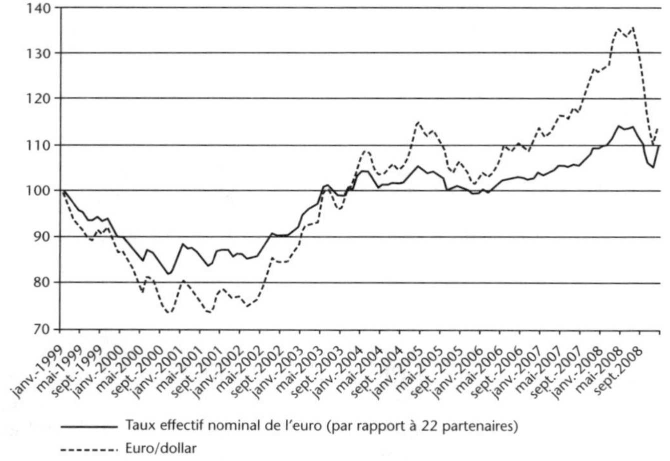

Source : BCE.

Par ailleurs, les variations de l'euro n'affectent pas tous les secteurs de la même manière. En France, par exemple, les secteurs exportant le plus vers la zone dollar sont l'aéronautique, l'armement, les composants électroniques [Henriot, 2008]. Ces secteurs souffrent d'un euro fort par rapport au dollar, tandis que des secteurs tels que le BTP ou les matériaux de construction peuvent au contraire bénéficier d'un euro fort car cela réduit les coûts de leurs importations (notamment en énergie) sans réduire leurs parts de marché du fait d'une concurrence faible avec des firmes étrangères. De leur côté, les entreprises qui ont délocalisé leur production dans des pays dont les

Graphique 4. **Taux de change et cycle d'activité en zone euro**

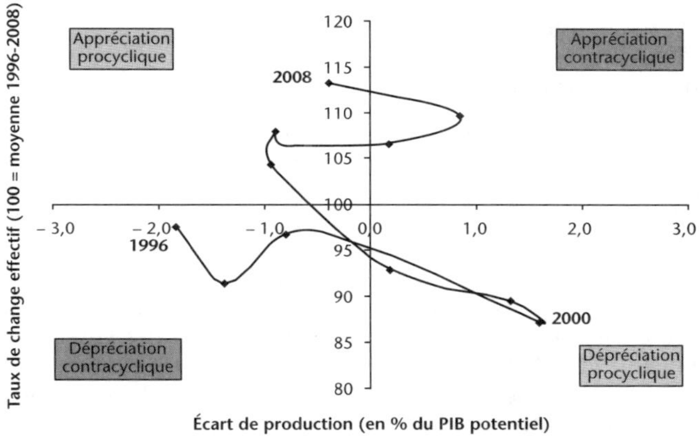

Lecture : en 2000, la production en zone euro est de presque 2 % au-dessus de son niveau potentiel, créant des tensions inflationnistes ; ces tensions sont exacerbées par un euro faible en termes effectifs réels (par rapport à l'ensemble de ses partenaires). En 2003, la production est de 1 % au-dessous du potentiel et la force de l'euro accentue le déséquilibre du marché des biens et services en dégradant la compétitivité des entreprises.

Source : Bénassy-Quéré, Cœuré, Jacquet et Pisani-Ferry [2009].

monnaies sont ancrées au dollar sont immunisées contre les variations du dollar, sauf pour leurs ventes en zone euro.

L'effet des variations de taux de change est aussi différent selon les pays : on a vu que le taux d'ouverture vis-à-vis de l'extérieur de la zone euro va de moins de 5 % pour la Grèce à plus de 40 % pour l'Irlande ; la réaction à un mouvement du taux de change peut donc susciter des tensions entre pays.

Enfin, les fluctuations du taux de change sont vécues différemment selon la conjoncture économique. La zone euro se caractérise trop souvent par des mouvements de taux de change *procycliques*, c'est-à-dire qui tombent au mauvais moment. Ainsi, la dépréciation de l'euro en 2000, qui survenait dans un contexte déjà marqué par une forte croissance et par des tensions sur les prix, était particulièrement malvenue parce qu'elle était source d'inflation importée. De même, l'appréciation de l'euro en 2008 a affecté une zone euro en pleine récession, alors que les pressions inflationnistes étaient inexistantes (voir graphique 4). C'est essentiellement pour ces raisons qu'une politique de change peut se justifier.

La politique de change de l'euro

Le traité de Lisbonne, qui reprend sur ce point celui de Maastricht, est ambigu sur la politique de change. Alors qu'elle est distincte de la politique monétaire, toutes deux ont pour objectif principal la stabilité des prix (art. 119.2). Une politique de change volontariste, par exemple un euro délibérément faible pour soutenir la compétitivité des entreprises, est donc exclue. Ensuite, la responsabilité de la politique de change de la zone euro est partagée entre le Conseil des ministres des Finances et la BCE. À la BCE, la gestion des réserves de change et la conduite des opérations de marché, par exemple en vendant des titres en dollars contre des euros pour soutenir la valeur de l'euro (art. 127.2 du Traité). Au Conseil, la définition éventuelle, sur proposition de la Commission ou de la BCE, d'« orientations générales de la politique de change » mais à la condition que celles-ci ne mettent pas en danger la stabilité des prix (art. 219.2) ; au Conseil également, la négociation d'accords monétaires formels avec des pays tiers (art. 219.1). La BCE n'a pas fait mystère de son opposition à tout système de « zones cibles » par lequel les banques centrales s'engageraient à intervenir pour maintenir le taux de change à l'intérieur d'une bande de fluctuation. En 1987, les accords du Louvre prévoyaient un système de ce type pour les monnaies du G7 : le respect de cet engagement s'est progressivement révélé incompatible avec les objectifs de politique économique internes de chaque pays. Cette disposition du Traité n'a donc été utilisée que pour conclure des accords de change avec de petits pays, par exemple pour l'adoption de l'euro à San Marin. Ce partage des rôles est différent de celui qui prévaut dans les autres grandes économies : aux États-Unis et au Japon, la politique de change est de la responsabilité exclusive du gouvernement.

Le « copilotage » du taux de change par les ministres et par la BCE serait rapidement source de frictions si la zone euro menait une politique de change active, comme le Japon qui, à certaines périodes, a piloté au jour le jour l'évolution du yen. Mais un consensus est rapidement apparu pour considérer que les interventions sur le marché n'étaient souhaitables que dans des circonstances exceptionnelles, en cas de désajustement manifeste de la parité de l'euro ou d'une volatilité particulièrement élevée. L'instrument des « orientations générales », lourd à mettre en œuvre, n'a jamais été utilisé. Cette doctrine est finalement proche de celle des États-Unis, qui sont attentifs aux évolutions du dollar mais interviennent très rarement. Dans les situations de désajustement ou de volatilité, qui sont des situations de crise, un consensus entre les ministres et la BCE est de toute façon nécessaire. La communication publique des ministres et des membres du Conseil des gouverneurs doit être soigneusement préparée, faute de quoi elle perd toute crédibilité. On ne peut exclure le risque d'un conflit entre l'Eurogroupe et la BCE si des tensions inflationnistes se développaient dans un contexte de taux de change élevé : conformément à son mandat, la BCE augmenterait les taux d'intérêt pour lutter contre l'inflation, mais elle aggraverait la surévaluation de l'euro.

Le 22 septembre 2000, alors que l'euro ne valait plus que 0,85 dollar, la BCE et les autres banques centrales du G7 sont intervenues sur le marché des changes pour acheter massivement des euros contre dollar et contre yen. Au printemps 2008, lorsque la valeur de l'euro approchait 1,60 dollar, la question s'est de nouveau posée d'intervenir, cette fois pour contrer l'appréciation de la monnaie européenne. Toutefois, les tensions inflationnistes étaient importantes à cette période suite à la flambée des prix de l'énergie et des matières premières, et l'ampleur de la récession provoquée par la crise financière n'était pas encore anticipée. Une intervention pour faire baisser l'euro aurait été contradictoire avec le relèvement du taux d'intérêt réalisé par la BCE en juillet 2008.

Conclusion : une histoire en cours d'écriture

Dix ans après son introduction, l'usage de l'euro s'est développé hors des frontières de la zone, mais principalement dans des pays proches géographiquement et comme monnaie de diversification pour les investisseurs internationaux. Faut-il s'en attrister ? Les avantages associés à émettre une monnaie internationale sont principalement au nombre de trois : recettes de seigneuriage, limitation du risque de change pour les résidents, taux d'intérêt plus faibles en raison d'une plus grande liquidité du marché. Les recettes de seigneuriage au sens strict, liées à la circulation des billets et pièces hors de la zone, sont évaluées à environ 0,03 % du PIB de la zone et à trois fois plus aux États-Unis [BCE, 2007]. La prime de liquidité dont bénéficient les États-Unis serait, elle, de l'ordre de 25 à 50 points de base (0,25 à 0,50 %) selon Portes et Rey [1998]. Ces avantages peuvent néanmoins se payer par une demande de monnaie et un taux de change plus instables, et par l'obligation qui serait faite *de facto* à la banque centrale de jouer le rôle de prêteur en dernier ressort dans des pays hors de la zone, en particulier dans les pays dollarisés ou euroïsés [Commission européenne, 2008]. En outre, une internationalisation trop rapide de l'euro aurait pu s'avérer déstabilisante dans une période où les déficits courants américains et l'ancrage au dollar des monnaies asiatiques poussaient à la hausse la monnaie européenne : des achats massifs d'euro par les investisseurs extérieurs à la zone auraient en effet aggravé cette tendance.

La question de l'internationalisation de l'euro ne doit pas faire oublier que l'un des buts de l'euro était que les pays membres n'aient justement plus à se préoccuper de leurs taux de change : les taux de change les plus importants pour le commerce — ceux entre les pays membres — sont définitivement fixés. Il faut se garder de porter trop d'attention aux taux qui restent flexibles, et en particulier au taux euro/dollar. Cela ne signifie pas qu'il faille totalement s'en désintéresser : le taux de change euro/dollar est un déterminant important de l'activité et de l'inflation à court terme, et peut déclencher des délocalisations dont les conséquences sociales sont douloureuses et ne peuvent être compensées que lentement, par des stratégies de montée en gamme et d'investissement dans les nouvelles technologies. Mais il faut dépassionner le débat sur le taux de change de l'euro : sauf en cas de surévaluation ou de sous-évaluation extrême, c'est-à-dire en de très rares occasions, le taux de change ne devrait plus être un enjeu politique mais un indicateur comme un autre pour l'analyse conjoncturelle.

Conclusion / L'avenir de l'euro

La vie est-elle meilleure avec l'euro ? Les premières étapes ont été franchies sans encombre : les marchés financiers, puis les ménages et les entreprises se sont habitués à l'euro ; les décisions de politique économique n'ont pas suscité de conflit majeur entre États membres, ni entre les États et la banque centrale. La prophétie de Martin Feldstein [1997], selon qui, « au lieu de favoriser l'harmonie intra-européenne et la paix dans le monde, le passage à la monnaie unique et l'intégration politique qui suivra accentueront plus vraisemblablement les conflits au sein de l'Europe et entre l'Europe et les États-Unis », ne s'est pas réalisée. Au contraire, les entreprises européennes ont bénéficié de taux d'intérêt bas, d'instruments de financement diversifiés, d'une inflation prévisible, de taux de change intrazone irrévocablement fixés. Et l'euro a fait figure de bouclier efficace lors de la crise financière de 2007-2008.

Incontestablement, une institution est sortie renforcée de la crise : la BCE, dont les choix en matière de mise en œuvre de la politique monétaire ont été légitimés et qui a su faire preuve de résolution et d'audace en 2007 pour rétablir la liquidité du marché interbancaire. Les gouvernements européens l'ont reconnu en lui confiant la responsabilité de piloter la surveillance des risques systémiques. Mais les leçons de la crise sont plus ambiguës pour les autres composantes de la politique économique. La crise a ainsi renforcé les doutes sur l'efficacité du Pacte de stabilité et de croissance, lequel s'est révélé à la fois incapable d'assurer dans les États membres des niveaux d'endettement qui les rendent robustes face à une récession de grande ampleur, inutile pour coordonner la réponse à la crise et insuffisant pour organiser la sortie de celle-ci. Mais peut-être la situation budgétaire aurait-elle été pire sans le Pacte ? De même, les plans de relance des États membres n'ont pas été conçus et coordonnés dans le cadre des procédures du Traité, sous l'égide de la Commission, mais celle-ci a contribué à les mettre en cohérence et à en limiter les aspects négatifs, notamment en matière de concurrence. Enfin, le renchérissement tendanciel de l'euro durant ses dix premières années d'existence a mis en lumière la faible capacité de la zone euro à peser sur un système monétaire international organisé autour des États-Unis et de la Chine, faisant porter sur l'euro la charge de l'ajustement des équilibres mondiaux.

La crise a ainsi mis en lumière la difficulté à faire coexister des éléments de fédéralisme — monnaie unique, concurrence, politique commerciale — avec des politiques restées très largement du ressort des États, comme le budget, la fiscalité ou la surveillance bancaire. Paradoxe de la sortie de crise : alors que le traité de Lisbonne, qui permet aux pays de la zone euro de se coordonner plus étroitement, entre enfin en vigueur, ces pays semblent moins désireux que jamais de faire usage de ces « coordinations renforcées ».

Le cas britannique

Le Royaume-Uni ne fait pas partie de l'euro. C'était un choix délibéré. D'une part parce que les Britanniques ont toujours rejeté le fédéralisme européen. D'autre part en raison du traumatisme qu'a représenté en 1992 l'éviction de la livre du mécanisme de change européen. Mais, en restant durablement à l'écart de l'euro, le Royaume-Uni risque de se marginaliser au sein de l'Union. Pour des raisons politiques tout d'abord : l'euro crée une dynamique de coordination, voire d'intégration, symbolisée par l'existence de l'Eurogroupe, dont le traité de Lisbonne a confirmé le rôle et dont le Royaume-Uni ne fait pas partie. Pour des raisons économiques ensuite : les entreprises britanniques continuent à subir un risque de change vis-à-vis de la zone euro, qui représente 45 % de leurs exportations de biens et services ; pour la même raison, les investisseurs extérieurs peuvent hésiter à implanter leurs activités au Royaume-Uni. L'impact sur la place financière de Londres est plus ambigu : celle-ci a profité à plein de son rôle dominant, hérité de l'avant-euro, pour attirer des activités financières nouvelles, qu'elles impliquent ou non la livre ; d'ailleurs, c'est à Londres et non à Paris ou à Francfort que l'euro est échangé contre le dollar et le yen. La crise financière est susceptible de rebattre les cartes dans ce domaine — mais peut-être au profit des places financières émergentes plus que de celles de la vieille Europe ?

En 1997, le gouvernement de Tony Blair a défini cinq conditions économiques pour l'entrée dans l'euro, indépendamment des critères de Maastricht. Ces conditions devaient déterminer si l'entrée de l'euro était de nature à favoriser la croissance du pays. En 2003, le Trésor britannique a conclu que, « au total, même si les bénéfices potentiels en termes d'investissement, de commerce, de services financiers, de croissance et d'emploi sont clairs, on ne peut conclure à ce stade à une convergence soutenable et durable ou à une flexibilité suffisante pour faire face aux potentielles difficultés au sein de la zone euro. Ainsi, [...] décider de rejoindre maintenant la zone euro ne serait pas dans l'intérêt du Royaume-Uni » (HM Treasury, *UK Membership of the Single Currency : an Assessment of the Five Economic Tests*, juin 2003, p. 6). Le référendum sur l'euro a été périodiquement repoussé.

L'entrée du Royaume-Uni augmenterait de 14 % le PIB de la zone euro. Elle ferait bénéficier l'euro du dynamisme de la place financière de Londres. Elle accélérerait l'intégration des marchés financiers de la zone, rapprocherait les périmètres de la monnaie unique et du Marché unique, et renforcerait le potentiel de l'euro comme monnaie internationale. Mais ce serait peut-être le coup d'arrêt de l'intégration des politiques économiques au sein de la zone euro. Les membres de la zone devraient en effet compter avec un partenaire rétif à toute ébauche de fédéralisme.

L'euro, de Lisbonne à Varsovie

Passée de onze États membres en 1999 à seize en 2009, la zone euro est appelée à s'élargir à nouveau aux pays qui, contrairement au Royaume-Uni et au Danemark, ne disposent pas de clauses d'exemption. Les nouveaux entrants devront, comme leurs aînés, avoir satisfait les cinq critères de convergence définis à Maastricht. Ils auront donc rejoint au préalable le mécanisme de change européen. Celui-ci a été réformé en 1998 pour s'adapter à l'euro. Les monnaies participantes doivent maintenir leur taux de change vis-à-vis de l'euro à l'intérieur d'une marge de ± 15 % autour d'un « cours pivot » fixé en concertation par l'ensemble des ministres et des gouverneurs de la zone euro et du pays concerné. La banque centrale du pays concerné et la BCE interviennent quand le taux de change atteint les limites de cette marge. Au 1er janvier 2010, quatre pays faisaient partie du mécanisme de change : le Danemark (depuis 1999), l'Estonie et la Lituanie (depuis 2004) et la Lettonie (depuis 2005). Restaient en dehors du mécanisme, outre le Royaume-Uni et la Suède, la Bulgarie, la Hongrie, la Pologne, la République tchèque et la Roumanie.

La crise financière de 2007-2008 a temporairement mis à mal les perspectives de convergence vers l'euro. Les trois États baltes, qui pouvaient espérer une entrée rapide dans la zone du fait de leurs parités fixes et de leur petite taille, qui facilitait le respect des critères de convergence, ont été frappés de plein fouet par la crise, la Lettonie devant même quémander en décembre 2008 une aide d'urgence de 7,5 milliards d'euros auprès du FMI, des pays scandinaves et de l'Union européenne.

Autre paradoxe : dans le même temps, la crise a rendu la zone euro plus attrayante que jamais. Le Danemark a compris l'avantage qu'il aurait retiré, en termes de taux d'intérêt, à faire partie de la zone euro. Les banques islandaises et baltes ont amèrement regretté la sécurité qu'auraient constituée un taux de change fixe et l'accès illimité à la liquidité de la BCE. Des pays de plus grande taille comme la Pologne, qui jusqu'à la crise considéraient le rattrapage économique comme prioritaire par rapport à une adhésion rapide à l'euro, ont resserré leur calendrier à la faveur de la crise. Le processus d'élargissement, qui tendait à s'essouffler, a repris de la vigueur. En 2015, faisons-en le pari, l'euro pourrait circuler de Lisbonne à Varsovie et de Vilnius à La Valette.

Repères bibliographiques

Aglietta M., 2001, *Macroéconomie financière*, tome 2, La Découverte, « Repères », Paris ; nouv. éd. 2008, La Découverte, « Grands Repères/Manuels », Paris.

Akerlof G., Dickens W. et Perry G., 1996, « The macroeconomics of low inflation », *Brookings Papers on Economic Activity*, n° 1, p. 1-59.

Alesina A. *et al.*, 2001, *Designing Macroeconomic Policy for Europe*, CEPR, Londres, mars.

Alesina A. et Summers L., 1993, « Central bank independence and macroeconomic performance : some comparative evidence », *Journal of Money, Credit and Banking*, vol. 25, p. 151-162.

Arpaia A. et Pichelmann K., 2007, « Nominal and real wage flexibility in EMU », *European Economy Economic Papers*, n° 281.

Artus P., 2001, *La Banque centrale européenne*, Economica, Paris.

Balassa B., 1964, « The purchasing power parity doctrine : a reappraisal », *Journal of Political Economy*, vol. 72, p. 584-596.

Baldwin R., 2006, « The euro's trade effects », *ECB Working Paper*, n° 594.

Banque centrale européenne (BCE), 2001, *The Monetary Policy of the ECB*, www.ecb.int/pub/pdf/monetarypolicy2001.pdf.

— 2007, *Review of the International Role of the Euro*, juin, www.ecb.int.

— 2009, *The International Role of the Euro*, juillet, www.ecb.int.

Banque des règlements internationaux, 2007, *Enquête triennale sur le marché des changes*, www.bis.org.

Barro R. et Gordon D., 1983, « Rules, discretion and reputation in a model of monetary policy », *Journal of Monetary Economics*, n° 12, p. 101-122.

Bayoumi T. et Eichengreen B., 1994, « Shocking aspects of European Monetary Unification », *in* Torres F. et Giavazzi F. (dir.), *Adjustment and Growth in the European Monetary Union*, Cambridge University Press, Cambridge.

BÉNASSY-QUÉRÉ A., BOONE L. et COUDERT V., 2003, *Les Taux d'intérêt*, La Découverte, « Repères », Paris, 2e éd.

BÉNASSY-QUÉRÉ A. et CIMADOMO J., 2006, « Changing patterns of domestic and cross-border fiscal policy multipliers in Europe and the US », *Document de travail du CEPII*, n° 2006-24, décembre.

BÉNASSY-QUÉRÉ A., CŒURÉ B., JACQUET P. et PISANI-FERRY J., 2009, *Politique économique*, De Boeck, Bruxelles, 2e éd.

— 2010, *Economic Policy*, Oxford University Press, Oxford.

BÉNASSY-QUÉRÉ A. et TURKISCH E., 2009, « The ECB Governing Council in an enlarged euro area », *Journal of Common Market Studies*, vol. 47, n° 1, p. 25-54.

BERTHOU A. et FONTAGNÉ L., 2008, « Les effets de l'introduction de l'euro sur les exportateurs français : une analyse sur données individuelles », www.cae.gouv.fr/IMG/pdf/081aa.pdf, *in Performances à l'exportation de la France et de l'Allemagne*, Rapport du Conseil d'analyse économique, La Documentation française, Paris, p. 155-170.

BLANCHARD O. et MUET P.-A., 1993, « Competitiveness through disinflation : an assessment of the French macroeconomic strategy », *Economic Policy*, n° 16.

BLINDER A. *et al.*, 2001, « How do central banks talk ? », *Geneva Reports on the World Economy*, n° 3, ICMB et CEPR, Genève.

BOONE L., GIORNO C. et RICHARDSON P., 1998, « Stock market fluctuation and consumption behaviour : some recent evidence », *OECD Economics Department Working Paper*, n° 208.

BRAUD M., 1999, « L'Union européenne et la question salariale », *Chroniques de l'IRES*, n° 60.

BUITER W., 1999, « Alice in Euroland », *CEPR Policy Paper*, n° 1, avril.

BUREAU D. et CHAMPSAUR P., 1992, « Fédéralisme budgétaire et union économique et monétaire », *Revue de l'OFCE*, n° 40, p. 87-98.

BUTI M. et SAPIR A., 1998, *Economic Policy in EMU*, Clarendon Press, Oxford.

CADIOU L., GUICHARD S. et MAUREL M., 1999, « La diversité des marchés du travail en Europe : quelles conséquences pour l'Union monétaire ? », *Document de travail du CEPII*, nos 10 et 11, disponibles sur www.cepii.fr.

CŒURDACIER N. et MARTIN Ph., 2009, « The geography of asset trade and the euro : insiders and outsiders », *Journal of the Japanese and International Economies*, vol. 23, p. 90-113.

COMITÉ DE POLITIQUE ÉCONOMIQUE, 2009, « The 2009 ageing report, economic and budgetary projections for the EU-27 member states (2008-2060) », http://europa.eu/epc/pdf/2009_ageing_report.pdf.

COMMISSION EUROPÉENNE, 1990, « Marché unique, monnaie unique », *Économie européenne*, n° 44.

— 2008, « EMU @ 10 : successes and challenges after ten years of economic and monetary union », *European Economy*, vol. 2/2008.

Creel J. et Sterdyniak H., 1998, « Du bon usage des politiques monétaire et budgétaire en Europe », *Revue d'économie financière*, n° 45, janvier.

Danthine J.-P., Giavazzi F. et Thadden E.L. von, 2000, « European financial markets after EMU : a first assessment », *NBER Working Paper*, n° 8044, décembre.

Debelle G., 2004, « Endettement des ménages et macroéconomie », *Rapport trimestriel de la Banque des règlements internationaux*, mars.

De Grauwe P., 1999, *Économie de l'intégration monétaire*, De Boeck, Bruxelles.

Dooley M., Folkerts-Landau D. et Garber P., 2004, « The revived Bretton Woods system », *International Journal of Finance and Economics*, vol. 9, p. 307-313.

Dornbusch R., Favero C. et Giavazzi F., 1998, « Immediate challenges for the European Central Bank », *in* Begg D., Hagen J. von, Wyplosz Ch. et Zimmerman K. (dir.), *Prospects and Challenges for the Euro*, Blackwell Publishers, Oxford.

Fatás A., 1998, « Redistribution *vs* insurance : does Europe need a fiscal federation ? », *Economic Policy*, avril.

Feldstein M., 1997, « EMU and international conflict », *Foreign Affairs*, novembre-décembre.

FMI, 2009, www.imf.org/external/np/sta/cofer/eng/index.htm, données COFER (Currency Composition of Official Foreign Exchange Reserves).

Fontagné L. et Freudenberg M., 2002, « Long term trends in intra-industry trade », *in* Llyod P. et Lsee H.H. (dir.), *Frontiers in Research on Intra-industry Trade*, Palgrave, New York.

Fontagné L., Freudenberg M. et Gaulier G., 2006, « A systematic decomposition of world trade into horizontal and vertical IIT », *Review of World Economics*, vol. 142, n° 3, p. 459-475.

Frankel J. et Rose A., 1998, « The endogeneity of the optimum currency area criteria », *The Economic Journal*, vol. 108, p. 1009-1025.

— 2002, « An estimate of the effect of common currencies on trade and income », *Quarterly Journal of Economics*, mai.

Funke M., 2001, « Money demand in the Euroland », *Journal of International Money and Finance*, vol. 20, n° 5, p. 701-714.

Guichard S. et Laffargue J.-P., 2001, « Comparaisons de la formation des salaires dans un panel de pays industrialisés », *Économie et Prévision*, vol. 147, n° 2001-1.

Hagen J. von et Brückner M., 2001, « Monetary policy in unknown territory : the European central bank in the early years », *ZEI Working Paper*, n° B18, disponible sur www.zei.de.

Hartmann Ph., 1998, *Currency Competition and Foreign Exchange Markets, the Dollar, the Yen and the Euro*, Cambridge University Press, Cambridge.

Head K. et Mayer Th., 2004, « Market potential and the

location of Japanese investment in Europe », *Review of Economics and Statistics*, vol. 86, n° 4, p. 959-972.

HEN Ch. et LÉONARD J., 2004, *L'Union européenne*, La Découverte, « Repères », Paris, 12e éd.

HENRIOT A., 2008, « Impacts macroéconomiques et sectoriels des variations de l'euro », *in* DIDIER M., BÉNASSY-QUÉRÉ A., BRANSBOURG G. et HENRIOT A., *Politique de change de l'euro, Rapport du Conseil d'analyse économique*, n° 80, disponible sur www.ladocfrancaise.gouv.fr.

ILZKOVITZ F., DIERX A., KOVACS V. et SOUSA N., 2007, « Steps towards a deeper economic integration : the internal market in the 21st century », *European Economy, Economic Papers*, n° 271.

JACQUET P. et PISANI-FERRY J., 2000, « La coordination des politiques économiques dans la zone euro : bilan et propositions », *in Questions européennes, Rapport du Conseil d'analyse économique*, n° 27, disponible sur www.ladocfrancaise.gouv.fr.

KAMPS A., 2006, « The euro as an invoicing currency in international trade », *ECB Working Paper*, n° 665, août, www.ecb.int.

KRUGMAN P., 1991, *Currency and Crises*, MIT Press, Cambridge.

L'ANGEVIN C., 2007, « Dynamiques d'ajustement et mobilité du travail au sein de la zone euro », *Trésor-Éco*, n° 14, Direction générale du Trésor et de la politique économique.

LAROSIÈRE J. DE, 2009, *Rapport du groupe de haut niveau sur la surveillance au président de la Commission européenne*.

LEBOW D. et RUDD J., 2001, « Measurement error in the consumer price index : where do we stand ? », *Journal of Economic Literature*, vol. 41, n° 1, p. 159-201.

LEQUILLER F., 1997, « L'indice des prix surestime-t-il l'inflation ? », *Économie et Statistique*, n° 303.

MARTIN J. et MÉJEAN I., 2008, « Trade prices and the euro », *Document de travail du CEPII*, n° 2008-29, www.cepii.fr.

MOJON B., 2001, « Structures financières et canal des taux d'intérêt de la politique monétaire dans la zone euro », *Économie et Prévision*, n° 147.

MUNDELL R., 1961, « A theory of optimum currency areas », *American Economic Review*, septembre.

PATAT J.-P., 2005, *Histoire de l'Europe monétaire*, La Découverte, « Repères », Paris, 4e éd.

PENOT A. et POLLIN J.-P., 1999, « Construction d'une règle monétaire optimale pour la zone euro », *Revue économique*, vol. 50, n° 3, mai.

PORTES R. et REY H., 1998, « The emergence of the euro as an international currency », *in* BEGG D., HAGEN J. VON, WYPLOSZ Ch. et ZIMMERMANN K.F. (dir.), *EMU : Prospects and Challenges for the Euro*, Blackwell Publishers, Oxford.

RAINELLI M., 2003, *La Nouvelle Théorie du commerce international*,

La Découverte, « Repères », Paris, 3e éd.

— 2009, *Le Commerce international*, La Découverte, « Repères », Paris, 10e éd.

ROSE A., 2000, « *One money, one market : the effect of common currencies on trade* », *Economic Policy*, vol. 15, n° 30, p. 7-45.

RUEFF J., 1965, « Return to gold : argument with Jacques Rueff », *The Economist*, 13 février.

SACHS J. et SALA-I-MARTÍN X., 1992, « Fiscal federalism and optimum currency areas : evidence from Europe and the United States », *in* CANZONERI M., GRILLI V. et MASSON P. (dir.), *Establishing a Central Bank : Issues in Europe and Lessons from the US*, Cambridge University Press, Cambridge.

SAMUELSON P., 1964, « Theoretical notes on trade problems », *Review of Economics and Statistics*, n° 23, p. 145-154.

STIGLITZ J. et WEISS A., 1981, « Credit rationing in markets with imperfect information », *American Economic Review*, vol. 73, p. 393-410.

SUARDI M., 2001, « EMU and asymmetries in monetary policy transmission », *European Commission Economic Paper*, n° 157, juillet.

TAYLOR J., 1993, « Discretion *versus* policy rules in practice », *Carnegie-Rochester Series in Public Policy*, vol. 39, p. 195-214.

THIMANN Ch., 2009, « Global roles of currencies », *ECB Working Paper*, n° 1031, mars.

WERNER P., 1970, « Rapport au Conseil et à la Commission concernant la réalisation par étapes de l'union économique et monétaire dans la Communauté », http://ec.europa.eu/economy_finance/emu_history/documentation/chapter5/19701008fr072realunionecomon.pdf.

WYPLOSZ Ch., 2006, « European monetary union : the dark sides of a major success », *Economic Policy*, avril, p. 209-261.

Table des matières

NUMERO DE LECTEUR : 3504934041

es firmes multinationales ; Texte impri

COTE : 338.88 MAZ
504082001
RENDRE LE : 10/05/16

conomie de l'euro : Texte imprimé / Agn

OTE : 332.45 BEN
508048169
RENDRE LE : 10/05/16

OTAL : 2

Collection

R E P È R E S

créée par

MICHEL FREYSSENET et OLIVIER PASTRÉ (en 1983),

dirigée par

JEAN-PAUL PIRIOU (de 1987 à 2004), *puis par* PASCAL COMBEMALE,

avec STÉPHANE BEAUD, ANDRÉ CARTAPANIS, BERNARD COLASSE, FRANÇOISE DREYFUS, CLAIRE LEMERCIER, YANNICK L'HORTY, PHILIPPE LORINO, DOMINIQUE MERLLIÉ, MICHEL RAINELLI et CLAIRE ZALC.

Le catalogue complet de la collection « Repères » est disponible sur notre site **http://www.collectionreperes.com**

GRANDS REPÈRES

Classiques

R E P È R E S

La formation du couple. *Textes essentiels pour la sociologie de la famille*, Michel Bozon et François Héran.

Invitation à la sociologie, Peter L. Berger.

Un sociologue à l'usine. *Textes essentiels pour la sociologie du travail*, Donald Roy.

Dictionnaires

R E P È R E S

Dictionnaire de gestion, Élie Cohen.

Dictionnaire d'analyse économique, *microéconomie, macroéconomie, théorie des jeux, etc.*, Bernard Guerrien.

Guides

R E P È R E S

L'art de la thèse. *Comment préparer et rédiger un mémoire de master, une thèse de doctorat ou tout autre travail universitaire à l'ère du Net*, Michel Beaud.

Comment parler de la société. *Artistes, écrivains, chercheurs et représentations sociales*, Howard S. Becker.

Comment se fait l'histoire. *Pratiques et enjeux*, François Cadiou, Clarisse Coulomb, Anne Lemonde et Yves Santamaria.

La comparaison dans les sciences sociales. *Pratiques et méthodes*, Cécile Vigour.

Faire de la sociologie. *Les grandes enquêtes françaises depuis 1945*, Philippe Masson.

Les ficelles du métier. *Comment conduire sa recherche en sciences sociales*, Howard S. Becker.

Le goût de l'observation. *Comprendre et pratiquer l'observation participante en sciences sociales*, Jean Peneff.

Guide de l'enquête de terrain, Stéphane Beaud et Florence Weber.

Guide des méthodes de l'archéologie, Jean-Paul Demoule, François Giligny, Anne Lehoërff et Alain Schnapp.

Guide du stage en entreprise, Michel Villette.

Manuel de journalisme. *Écrire pour le journal*, Yves Agnès.

Voir, comprendre, analyser les images, Laurent Gervereau.

Manuels

R E P È R E S

Analyse macroéconomique 1.

Analyse macroéconomique 2. 17 auteurs sous la direction de Jean-Olivier Hairault.

Consommation et modes de vie en France. *Une approche économique et sociologique sur un demi-siècle*, Nicolas Herpin et Daniel Verger.

Déchiffrer l'économie, Denis Clerc.

L'explosion de la communication. *Introduction aux théories et aux pratiques de la communication*, Philippe Breton et Serge Proulx.

Les grandes questions économiques et sociales, Pascal Combemale (dir.).

Une histoire de la comptabilité nationale, André Vanoli.

Histoire de la psychologie en France. XIXe-XXe siècles, J. Carroy, A. Ohayon et R. Plas.

Introduction aux sciences de l'information, Jean-Michel Salaün et Clément Arsenault (dir.).

Macroéconomie financière, Michel Aglietta.

La mondialisation de l'économie. *Genèse et problèmes*, Jacques Adda.

Nouveau manuel de science politique, Antonin Cohen, Bernard Lacroix, Philippe Riutort (dir.).

La théorie économique néoclassique. *Microéconomie, macroéconomie et théorie des jeux*, Emmanuelle Bénicourt et Bernard Guerrien.

Composition Facompo, Lisieux (Calvados).
Achevé d'imprimer sur les presses de l'imprimerie
Europe Media Duplication à Lassay-les-Châteaux (Mayenne) en janvier 2010
Dépôt légal : février 2010
N° de dossier : 22651

Imprimé en France